# O EXERCÍCIO DO DIREITO À MORTE DIGNA POR CRIANÇAS E ADOLESCENTES

## CRÍTICA E ALTERNATIVA À APLICAÇÃO DO REGIME DE INCAPACIDADES EM CASOS DE TERMINALIDADE NA INFÂNCIA E NA ADOLESCÊNCIA

LYGIA MARIA COPI

*Prefácio*
Elimar Szaniawski

# O EXERCÍCIO DO DIREITO À MORTE DIGNA POR CRIANÇAS E ADOLESCENTES

## CRÍTICA E ALTERNATIVA À APLICAÇÃO DO REGIME DE INCAPACIDADES EM CASOS DE TERMINALIDADE NA INFÂNCIA E NA ADOLESCÊNCIA

Belo Horizonte

FÓRUM
CONHECIMENTO JURÍDICO

2021

© 2021 Editora Fórum Ltda.

É proibida a reprodução total ou parcial desta obra, por qualquer meio eletrônico, inclusive por processos xerográficos, sem autorização expressa do Editor.

## Conselho Editorial

Adilson Abreu Dallari
Alécia Paolucci Nogueira Bicalho
Alexandre Coutinho Pagliarini
André Ramos Tavares
Carlos Ayres Britto
Carlos Mário da Silva Velloso
Cármen Lúcia Antunes Rocha
Cesar Augusto Guimarães Pereira
Clovis Beznos
Cristiana Fortini
Dinorá Adelaide Musetti Grotti
Diogo de Figueiredo Moreira Neto (*in memoriam*)
Egon Bockmann Moreira
Emerson Gabardo
Fabrício Motta
Fernando Rossi
Flávio Henrique Unes Pereira
Floriano de Azevedo Marques Neto
Gustavo Justino de Oliveira
Inês Virgínia Prado Soares
Jorge Ulisses Jacoby Fernandes
Juarez Freitas
Luciano Ferraz
Lúcio Delfino
Marcia Carla Pereira Ribeiro
Márcio Cammarosano
Marcos Ehrhardt Jr.
Maria Sylvia Zanella Di Pietro
Ney José de Freitas
Oswaldo Othon de Pontes Saraiva Filho
Paulo Modesto
Romeu Felipe Bacellar Filho
Sérgio Guerra
Walber de Moura Agra

**FÓRUM**
CONHECIMENTO JURÍDICO

Luís Cláudio Rodrigues Ferreira
Presidente e Editor

Coordenação editorial: Leonardo Eustáquio Siqueira Araújo
Aline Sobreira de Oliveira

Av. Afonso Pena, 2770 – 15º andar – Savassi – CEP 30130-012
Belo Horizonte – Minas Gerais – Tel.: (31) 2121.4900 / 2121.4949
www.editoraforum.com.br – editoraforum@editoraforum.com.br

Técnica. Empenho. Zelo. Esses foram alguns dos cuidados aplicados na edição desta obra. No entanto, podem ocorrer erros de impressão, digitação ou mesmo restar alguma dúvida conceitual. Caso se constate algo assim, solicitamos a gentileza de nos comunicar através do *e-mail* editorial@editoraforum.com.br para que possamos esclarecer, no que couber. A sua contribuição é muito importante para mantermos a excelência editorial. A Editora Fórum agradece a sua contribuição.

Dados Internacionais de Catalogação na Publicação (CIP) de acordo com a AACR2

| | |
|---|---|
| C783 | Copi, Lygia Maria |
| | O exercício do direito à morte digna por crianças e adolescentes : crítica e alternativa à aplicação do regime de incapacidades em casos de terminalidade na infância e na adolescência / Lygia Maria Copi.– Belo Horizonte : Fórum, 2021. |
| | 134 p.; 14,5cm x 21,5cm. |
| | ISBN: 978-65-5518-231-6 |
| | 1. Direito Civil. 2. Biodireito. 3. Direitos Humanos. I. Título. |
| | CDD: 342.1 |
| | CDU: 347 |

Elaborado por Daniela Lopes Duarte - CRB-6/3500

Informação bibliográfica deste livro, conforme a NBR 6023:2018 da Associação Brasileira de Normas Técnicas (ABNT):

COPI, Lygia Maria. O exercício do direito à morte digna por crianças e adolescentes: crítica e alternativa à aplicação do regime de incapacidades em casos de terminalidade na infância e na adolescência. Belo Horizonte: Fórum, 2021. 134 p. ISBN 978-65-5518-231-6.

*Aos meus pais,*

*Pelo ninho acolhedor e pelo incentivo ao voo.*

*A escrita deste livro só foi possível porque pude contar com o amparo e o estímulo de muitas pessoas especiais e generosas.*

*Agradeço ao prof. Dr. Elimar Szaniawski pelo incentivo constante e pela confiança que em mim deposita há tantos anos.*

*Agradeço ao prof. Dr. Eroulths Cortiano Junior e à profa. Dra. Jussara Maria Leal de Meirelles, admirados mestres, pelas valiosas contribuições ao texto.*

*Agradeço aos amigos e amigas pelo apoio de sempre, e o faço nesta oportunidade em nome da Alessandra Brustolin – que acredita em mim quando eu mesma vacilo.*

*Agradeço aos meus familiares, especialmente aos meus irmãos e aos meus pais, pelo amor que me encoraja e pelo afeto que me transforma.*

*Agradeço, finalmente, ao Luiz, por ser a definição de companheirismo e por tornar todos os meus dias mais felizes.*

*Viver é um descuido prosseguido.*

(João Guimarães Rosa)

# SUMÁRIO

PREFÁCIO
**Elimar Szaniawski** ........................................................................... 13

APRESENTAÇÃO ............................................................................... 17

CAPÍTULO 1
INTRODUÇÃO .................................................................................... 19

CAPÍTULO 2
TERMINALIDADE, RECUSA A TRATAMENTO MÉDICO E O
DIREITO À MORTE DIGNA ............................................................ 25

2.1 Recusa a tratamento médico por pacientes terminais na perspectiva da bioética e dos direitos da personalidade ............................ 26
2.1.1 Desenvolvimento biotecnológico e questões bioéticas acerca da terminalidade .................................................................................. 27
2.1.2 A recusa a tratamento médico pelo prisma da bioética: entre paternalismo e autonomia ............................................................. 34
2.1.3 Breve histórico do paternalismo médico .................................... 37
2.1.4 A recusa a tratamento médico pelo prisma dos direitos da personalidade ................................................................................... 39
2.2 Recusa a tratamento médico e dignidade do paciente terminal: o direito a versões plurais de morte digna ................................... 43
2.2.1 Aspectos essenciais da noção de dignidade humana ............... 44
2.2.2 Dignidade e pluralismo: o direito à morte digna como construção pessoal ................................................................................. 50
2.3 Autonomia sobre o corpo e consentimento livre e esclarecido ... 52
2.3.1 Contornos civis-constitucionais da autonomia privada .......... 53
2.3.2 Recusa a tratamento médico e consentimento livre e esclarecido ... 56
2.3.3 O sujeito do consentimento livre e esclarecido: quem pode renunciar ao procedimento médico? ........................................... 59

CAPÍTULO 3
O REGIME DAS INCAPACIDADES: A IMPERTINÊNCIA PARA O
EXERCÍCIO DE SITUAÇÕES JURÍDICAS EXISTENCIAIS ......... 63

3.1 A tutela à pessoa pelo ordenamento jurídico brasileiro – entre o *ter* e o *ser* ............................................................................. 64
3.1.1 De sujeito de direito à pessoa humana: um caminho em construção ... 64

3.1.2 Personalidade: aptidão para ser sujeito de direito ou valor intrínseco da pessoa?..................................................................68
3.2 O regime das incapacidades do Código Civil de 2002...........................70
3.2.1 O regime originário das incapacidades do Código Civil de 2002: a priorização do *ter* ..........................................................70
3.2.2 As alterações no regime das incapacidades promovidas pelo Estatuto da Pessoa com Deficiência ..........................................75
3.3 Situações subjetivas existenciais: a necessidade de superação do patrimonialismo e de construção de regime diverso ........................79
3.3.1 O Direito Civil para além do patrimônio: a crise do direito subjetivo diante do reconhecimento dos direitos da personalidade...80
3.3.2 As situações jurídicas existenciais e a necessidade de um regime diverso quanto à capacidade para exercê-las ...........................85

CAPÍTULO 4
O EXERCÍCIO DO DIREITO À MORTE DIGNA POR CRIANÇAS E ADOLESCENTES PACIENTES TERMINAIS ..........................................91
4.1 Crianças e adolescentes e situações jurídicas existenciais ...................93
4.1.1 A proteção à infância e à adolescência a partir da Constituição Federal, do Direito de Família na perspectiva eudemonista e do Estatuto da Criança e do Adolescente ..........................................94
4.1.2 A autonomia na infância e na adolescência para o exercício de situações jurídicas existenciais ..................................................97
4.2 Crianças e adolescentes pacientes terminais e renúncia a tratamento médico.......................................................................100
4.2.1 Morte digna e discernimento da criança ou do adolescente para renúncia ao tratamento médico: alguns casos emblemáticos sobre o tema ...........................................................................100
4.2.2 Uma possível resposta ao problema: a *capacidade para consentir* .......104
4.2.3 Crianças e adolescentes como autores de *testamento vital*: são válidas as declarações prévias de vontade formulada por incapazes? .................................................................................110
4.2.4 Os limites da aplicação da *capacidade para consentir* às crianças e aos adolescentes brasileiros..................................................115

CAPÍTULO 5
CONSIDERAÇÕES FINAIS ........................................................................123

REFERÊNCIAS ............................................................................................127

# PREFÁCIO

A enaltecida obra, "O exercício do direito à morte digna por crianças e adolescentes: crítica e alternativa à aplicação do regime de incapacidades em casos de terminalidade na infância e na adolescência", tem sua gênese nos estudos e pesquisas desenvolvidos pela autora durante seu Mestrado em Direito, no Programa de Pós-Graduação em Direito – Pós-Doutorado, Doutorado e Mestrado, da Universidade Federal do Paraná, no qual culminou com meritória aprovação e a obtenção do título de Mestre em Direito e o grau 10,00 (dez) em sua Dissertação.

O livro que tenho a honra de prefaciar, fruto da muito bem recepcionada dissertação de mestrado pela comunidade acadêmica, vem a preencher diversas lacunas em temas novos do Direito Civil brasileiro, ainda pouco estudados, a exemplo da capacidade existencial de pessoas menores de idade, ao lado da capacidade civil tradicional e do exercício do direito à morte digna.

Em seu meticuloso estudo, a autora constata que o sistema jurídico brasileiro contempla a possibilidade de as pessoas recusarem a se submeter a determinadas terapias médicas, ou de escolherem qual a modalidade de tratamento que tenham preferência para que lhes seja aplicado, segundo seu foro íntimo, no exercício do seu livre arbítrio, desde que tais pacientes sejam civilmente capazes e que declarem, expressamente, sua vontade firmando o Termo de Consentimento Livre e Esclarecido, segundo previsão do inciso II do art. 5º da Constituição e art. 22 do Código de Ética Médica brasileiro (CFM. Resolução nº 2.217/2018).

Verifica, porém, a autora, que a legislação civil brasileira não contempla a possibilidade de recusa à submissão ao tratamento médico de paciente terminal, ou a escolha da modalidade terapêutica que julgar mais adequada, aos pacientes que não tenham, ainda, adquirido a capacidade plena, remetendo a solução do consentimento informado aos representantes ou aos assistentes legais do incapaz. Tal fato decorre da insuficiência do sistema jurídico das capacidades no Código Civil brasileiro, que deixa de contemplar a categoria jurídica da capacidade existencial e não reconhece a vontade expressa dos maiores de 12 anos para a produção de efeitos jurídicos em suas declarações, embora possuam esses compreensão e discernimento em relação aos fatos.

Alicerçando seu estudo em três capítulos principais, além da Introdução e das Considerações Finais, a autora toma por fundamento as quatro categorias jurídicas básicas que lhe servem de pilastras estruturais para formular sua proposição, a saber: o exercício ao livre desenvolvimento da personalidade; a preservação da dignidade do ser humano; a compreensão e o discernimento em relação ao fato médico-terapêutico e a capacidade existencial das pessoas, diversa da sua capacidade civil. Seguindo essa linha, demonstra a autora a insuficiência do sistema jurídico das capacidades, bem como do seu suprimento, previsto pelo Código Civil para a solução de casos que envolvam interesses existenciais, as possibilidades e os limites da atividade médica no tratamento de moléstias de crianças e adolescentes.

A Professora Lygia Maria Copi apresenta, no Capítulo 1, a Introdução ao trabalho, na qual descreve passo a passo os temas e categorias jurídicas e não jurídicas que irá analisar e ponderar.

O Capítulo 2, intitulado *Terminalidade, recusa a tratamento médico e o direito à morte digna*, é dedicado ao estudo do direito à recusa ao tratamento médico por pacientes terminais e a preservação de sua dignidade sob a perspectiva da bioética e dos direitos da personalidade. Ainda no mesmo capítulo, a autora estuda a autonomia da pessoa sobre seu próprio corpo e pondera sobre quem seria o sujeito ativo do consentimento livre e esclarecido e quem vem a ser o titular do direito de renúncia de se submeter a determinado procedimento médico.

Sob o título *O regime das incapacidades: a impertinência para o exercício de situações jurídicas existenciais* a autora se dedica a estudar com afinco a tutela da pessoa humana pelo regime jurídico brasileiro, demonstrando a necessária superação da categoria do sujeito de direitos regulado pelo atual Direito Civil. A seguir, traz suas contribuições críticas à ideologia patrimonialista herdada das codificações europeias do séc. XIX que, ainda hoje, influenciam negativamente o regime jurídico das capacidades adotado pelo Código Civil e a elogiável mas tímida contribuição do "Estatuto das Pessoas com Deficiência" para a modificação do tradicional paradigma legal, exortando aos legisladores e operadores do direito para a abertura de novos caminhos para a constituição de um autêntico e amplo significado das categorias da capacidade civil e da capacidade existencial das pessoas.

O Capítulo 4, intitulado *O exercício do direito à morte digna por crianças e adolescentes pacientes terminais*, consiste no ponto nuclear do seu trabalho. Nesse capítulo apresenta, a autora, reflexões sobre as situações jurídicas existenciais das crianças e dos adolescentes detendo-se no exame do sistema de tutela jurídica da infância e da adolescência segundo previsão da Constituição Federal, do Estatuto da Criança e do Adolescente e do Direito das Famílias.

Tendo por fundamento a norma constitucional que reconhece a toda criança e a todo adolescente serem possuidores de dignidade, defende a autora o direito à liberdade de expressão e de manifestação de opinião, entre outros direitos fundamentais, e a existência da autonomia na infância e na adolescência para o exercício de situações jurídicas existenciais, tendo por pressuposto a capacidade de compreensão e o discernimento dos fatos para exercer essa autonomia.

Busca, a autora, os fundamentos no direito brasileiro que possibilitem às crianças e aos adolescentes, pacientes terminais, exercerem de maneira autônoma o direito à morte digna, reconhecendo aos que possuem discernimento e lucidez a possibilidade de decidir e de exercer, por si mesmos, o direito de morrer, retirando deles a obrigação de se submeterem à vontade alheia, manifestada mediante a representação ou a assistência dos genitores ou dos representantes e assistentes legais.

Ao finalizar seu acurado estudo, detém-se a autora sobre um tema assaz polêmico, que consiste no exame da eventual validade das declarações prévias de vontade emitidas por crianças ou adolescentes, na qualidade de autores de testamento vital.

Nesse sentido, possuiriam as crianças e os adolescentes, eventuais pacientes terminais, a capacidade existencial e a autonomia para decidir sobre qual dos diversos tipos de tratamento eles queiram se submeter ou, então, dispor sobre o não prolongamento artificial da vida, afastando a aplicação das figuras da representação e da assistência aos civilmente "incapazes"?

Concretiza, a autora, uma densa prospecção teórico-legislativa, sob a perspectiva civil-constitucional, realizando interlocuções com a medicina, com a bioética e com o direito, traçando os fundamentos que servirão de parâmetro seguro na expressão da vontade e no exercício ao direito de crianças e adolescentes que apresentam discernimento suficiente para aceitar ou negar procedimentos médicos – e de morrer dignamente.

Assim, resta-nos convidar a comunidade jurídica e os leitores em geral para compartilhar as lições e propostas ofertadas por Lygia Maria Copi, destinadas a reconhecer a capacidade existencial das crianças e dos adolescentes e promover a sua dignidade no delicado momento em que se encontrem enfermas ou sejam um paciente terminal, salvaguardando a qualidade de vida e a dignidade da pessoa humana.

**Elimar Szaniawski**
Doutor e Mestre em Direito pela UFPR.
Professor Titular de Direito Civil
da Faculdade de Direito da UFPR.
Advogado.

# APRESENTAÇÃO

Este livro é fruto dos meus estudos realizados no curso de mestrado do Programa de Pós-Graduação em Direito da Universidade Federal do Paraná, que concluí no ano de 2016. Nos mais de cinco anos que separam a conclusão da dissertação do momento presente, pouco se avançou na proteção ao direito à morte digna de crianças e adolescentes no Brasil. No cenário doutrinário, o tema tem recebido maior atenção – o que justificou a atualização da bibliografia em diversos pontos.

Especialmente em virtude da pandemia de Covid-19, as pessoas têm sido instadas a pensar sobre questões relativas à morte digna e ao testamento vital. Os temas, encarados desde muito tempo como tabus, passaram a ser objeto de análise nos mais diversos meios: *lives*, programas de televisão, redes sociais e reuniões familiares. O que se nota, no entanto, é que os debates apresentam tendência *adultocêntrica*. Ignora-se, geralmente, que crianças e adolescentes também titularizam o direito à dignidade e, por consequência, o direito à morte digna.

A partir disso, convido o leitor a conhecer outra abordagem sobre quem pode exercer o direito à morte digna e ser autor de diretivas antecipadas de vontade, a qual assume como fundamento básico a ideia de que crianças e adolescentes também merecem respeito à sua pessoalidade.

CAPÍTULO 1

# INTRODUÇÃO

Pretende-se, neste trabalho, analisar os fundamentos existentes no Direito brasileiro que autorizam crianças e adolescentes pacientes terminais a exercerem de forma autônoma o direito à morte digna, isto é, sem a aplicação dos institutos da representação e da assistência. Busca-se, também, investigar em quais hipóteses isso pode se dar, tendo em vista o critério do discernimento.

Atualmente, diante da ampliação tecnológica, verifica-se a tendência de *cronificação* das doenças e o prolongamento do processo de morrer. Com isso, o número de enfermos terminais cresce de modo considerável, e as questões referentes ao tema ganham visibilidade. Frequentemente a mídia noticia casos de pessoas em estado de terminalidade, inclusive menores de dezoito anos,[1] invocando o direito de morrer com dignidade. Quando se trata de pessoas consideradas capazes de acordo com a legislação civil, é possível a recusa a tratamento médico, desde que instrumentalizada por Termo de Consentimento Livre e Esclarecido.[2]

---

[1] A título de exemplo, pode ser citado o caso da inglesa Hannah Jones – paciente terminal de 13 anos que decidiu pela recusa a tratamento médico – noticiado pela Revista Época (AZEVEDO, Solange. Personagem da semana: Hannah Jones – 'Quero morrer com dignidade'. *Revista* Época. São Paulo, nov. 2008. Disponível em: http://revistaepoca.globo.com/Revista/Epoca/0,,EMI17176-15215,00.html. Acesso em: 05 dez. 2020).

[2] Em nosso país, a exigência do consentimento para procedimentos de saúde é estabelecida pelo Código de Ética Médica, em seu artigo 22, que define ser vedado ao médico "deixar de obter consentimento do paciente ou de seu representante legal após o esclarecer sobre o procedimento a ser realizado, salvo em caso de risco iminente de morte". (CONSELHO FEDERAL DE MEDICINA. Código de Ética Médica – CEM, aprovado pela Resolução CFM nº 1.931/2009, de 24 de setembro de 2009, *Diário Oficial da União*. Brasília, DF, 2009. Disponível em: http://www.portalmedico.org.br/novocodigo/artigos.asp. Acesso em: 10 out. 2020).

O consentimento informado tornou-se condição indispensável para a realização de procedimentos de saúde, garantindo a autonomia aos pacientes para a negativa a tratamentos médicos. Ocorre, entretanto, que a exigência desse requisito apenas garante autonomia aos pacientes que são plenamente capazes e que estão conscientes e aptos para expressar sua decisão quanto à terapia a ser ministrada. Quando a situação envolve incapazes, a tendência é a aplicação dos institutos da representação e da assistência.[3]

Pretende-se demonstrar, neste estudo, que a categoria da capacidade e os institutos para seu suprimento, do modo como codificados, mostram-se insuficientes para as questões que envolvem direitos extrapatrimoniais – como é o caso da limitação a tratamento médico. Isso, porque quando se está diante de questões existenciais – ou seja, vinculadas à livre promoção da personalidade humana –, a separação entre titularidade[4] e exercício do direito permite violações à autonomia e à dignidade.

De acordo com a sistemática adotada pela legislação pátria, sendo o doente incapaz civilmente, ou estando ele inconsciente ou inapto a se manifestar, a escolha acerca dos tratamentos médicos é exercida por representantes, assistentes ou curadores em conjunto com a equipe médica. O deslocamento dessas escolhas, no entanto, é permeado de complexidades. Exemplo disso é a existência de pacientes terminais classificados como incapazes, de acordo com o Código Civil, que ainda apresentam discernimento suficiente para tomarem decisões acerca da própria saúde e da própria morte.

No que se refere ao consentimento dos pacientes terminais quanto a procedimentos médicos, entende-se que somente em situações excepcionais, especialmente de inconsciência e de falta de lucidez, é

---

[3] Exemplar do que ora se afirma é a previsão da Resolução nº 466/2012, do Conselho Nacional de Saúde – CNS, referente às pesquisas envolvendo seres humanos, a qual define, em seu ponto II.5, que o consentimento livre e esclarecido é a "anuência do participante da pesquisa e/ou de seu representante legal, livre de vícios (simulação, fraude ou erro), dependência, subordinação ou intimidação, após esclarecimento completo e pormenorizado sobre a natureza da pesquisa, seus objetivos, métodos, benefícios previstos, potenciais riscos e o incômodo que esta possa acarretar". De acordo com a Resolução, o consentimento livre e esclarecido dos incapazes é realizado por seus representantes legais, aos quais cabe a autorização para participação no estudo. (CONSELHO NACIONAL DA SAÚDE. Resolução nº 466, de 12 de dezembro de 2012, Brasília, DF, 2012. p. 2. Disponível em: http://conselho.saude.gov.br/resolucoes/2012/Reso466.pdf. Acesso em: 16 out. 2020).

[4] O termo "titularidade", em consonância com a explicação de Pietro Perlingieri, é a "ligação entre situação e objeto". (PERLINGIERI, Pietro. Perfis do direito civil: introdução ao direito civil constitucional. Trad. Maria Cristina de Cicco. 3. ed. Rio de Janeiro: Renovar, 2007. p. 108).

possível afastar o poder decisório do titular-enfermo. Nesse sentido, a análise de questões deste quilate deve transpor as regras de capacidade dispostas na codificação, a fim de que se promova a averiguação concreta da possibilidade do enfermo em discernir os efeitos da aplicação e da não aplicação de determinada terapia, garantindo-lhe autonomia.

De fato, diante da concretude das circunstâncias, são verificados casos de crianças e adolescentes que apresentam discernimento suficiente para aceitar ou negar procedimentos médicos, mas que, por não terem atingido a maioridade, são impedidos de tomar decisões referentes ao próprio corpo.

Em virtude das alterações no Direito de Família, a criança e o adolescente – anteriormente submetidos ao pátrio poder e considerados portadores de baixo nível de autonomia – irrompem no cenário da família eudemonista como pessoas humanas dotadas de direitos fundamentais, os quais devem ser tutelados de modo prioritário.[5] Dentre as garantias previstas, dispõem a Constituição Federal e o Estatuto da Criança e do Adolescente – ECA que ao menor devem ser tuteladas a autonomia e a dignidade.

A maturidade da criança e do adolescente não é obtida integralmente quando atingida a maioridade. Ao longo do processo de educação o menor adquire, de modo gradual, discernimento que o pode habilitar à autodeterminação para questões que tocam a própria existência. O desenvolvimento individual na infância e na adolescência é heterogêneo e dependente do processo de educação ao qual se encontra submetido. Desse modo, apenas pela análise concreta da pessoa que não atingiu a maioridade é possível aferir sua maturidade e a possibilidade do exercício de sua autonomia.

Diante disso, pretende-se verificar se a *capacidade para consentir* se revela adequada para fundamentar decisões de recusa a tratamento médico por crianças e adolescentes em estado de terminalidade no Brasil. Esta categoria do direito comparado, fulcrada no discernimento do enfermo, permite que incapazes civilmente tenham poder decisório para permitir ou negar a realização de procedimentos médicos, desde que equipe multidisciplinar verifique que o doente possui aptidão para

---

[5] Tal é a dicção do artigo 227, *caput*, da Constituição Federal de 1988: "É dever da família, da sociedade e do Estado assegurar à criança, ao adolescente e ao jovem, com absoluta prioridade, o direito à vida, à saúde, à alimentação, à educação, ao lazer, à profissionalização, à cultura, à dignidade, ao respeito, à liberdade e à convivência familiar e comunitária, além de colocá-los a salvo de toda forma de negligência, discriminação, exploração, violência, crueldade e opressão". (BRASIL. Constituição [1988]. Constituição da República Federativa do Brasil. *Diário Oficial da União*, Brasília, DF, 5 out. 1988).

o consentimento. Caso averiguado que o enfermo não se encontra apto para decidir, o desejo por ele expressado ao longo da vida é considerado para que a decisão heterônoma seja tomada por familiares. É valorizada, assim, no maior grau possível, a autonomia do doente.

Com o fito de se evitar decisões heterônomas em momentos de inconsciência ou de falta de lucidez em casos de doenças terminais, tornou-se recomendável a utilização do testamento vital, o qual viabiliza que a autonomia para recusa a tratamento médico seja estendida para circunstâncias de incapacidade decisória. A questão, que desde logo se coloca, é quanto à possibilidade de crianças e adolescentes formalizarem diretivas antecipadas de vontade.

Silvana Maria Carbonera, ao tratar sobre o consentimento informado de menores em intervenções médicas, afirma que:

> Os direitos da personalidade, frente a tal realidade, ganham dimensões significativas, e o exercício da autoridade parental, efetivado no melhor interesse dos filhos, exige uma reflexão que dê um passo à frente em relação à tradicional teoria existente. Vale dizer, é necessário que a teoria da representação, dos filhos incapazes pelos pais, seja repensada a partir das possibilidades de intervenções físicas em pessoas diversas daquelas que têm capacidade para dar consentimento. As dúvidas se sobrepõem às certezas, e não existem respostas prontas, todas esperam ser construídas.[6]

Sem a pretensão de esgotar o tema – caracterizado por tamanha complexidade – e tendo em vista que inexistem respostas prontas acerca do problema, o objetivo da presente obra é de expor as particularidades da questão da capacidade jurídica para tomada de decisões sobre a própria morte por crianças e adolescentes. Para atingir o escopo proposto, este estudo está dividido em três partes.

Na primeira delas, pretende-se analisar o direito à morte com dignidade e autonomia a partir de sua dimensão bioética e como decorrência dos direitos da personalidade. O pressuposto utilizado é de que a Constituição Federal de 1988, ao erigir como fundamentos da República a dignidade humana e o pluralismo, permite aos indivíduos a construção de versões pessoais de saúde e de morte. Diante disso, tutelam-se decisões dos enfermos terminais de suspensão ou de recusa

---

[6] CARBONERA, Silvana Maria. O consentimento informado de incapazes em intervenções médico-cirúrgicas e em pesquisas biomédicas: algumas questões relevantes. *In*: RIBEIRO, G. P. L.; TEIXEIRA, A. C. B. (Coord.). *Bioética e direitos da pessoa humana*. Belo Horizonte: Del Rey, 2011. p. 92-93.

a procedimento médico, que são instrumentalizadas por Termo de Consentimento Livre e Esclarecido.

Ao serem analisados os elementos do consentimento informado, é elencada a capacidade de exercício como um de seus requisitos. Ocorre, assim, que mesmo apresentando o paciente discernimento suficiente para o exercício de sua autonomia, nos casos de incapacidade, as decisões acerca do tratamento são tomadas por representantes, assistentes ou curadores do enfermo, considerando o regime adotado no ordenamento jurídico brasileiro. Desse modo, crianças e adolescentes que já contam com maturidade para tomar decisões acerca do próprio corpo são privados dessas escolhas, as quais, via de regra, são realizadas por seus pais

A partir dessas colocações iniciais, o propósito do segundo capítulo é de analisar se o sistema das incapacidades brasileiro é adequado ao exercício de situações jurídicas existenciais. Em um primeiro momento, o foco estará em compreender as raízes da legislação pátria acerca da capacidade, tendo em vista especialmente o caráter patrimonialista e abstrato da proteção à pessoa pelo Direito Civil clássico. Posto isso, serão então verificadas as regras de capacidade dispostas originalmente pelo Código Civil, bem como os institutos de representação e de assistência.

Na sequência, a atenção estará nas alterações promovidas nessa matéria pelo recente Estatuto da Pessoa com Deficiência – Lei nº 13.146/2015. Trazidas essas informações, será demonstrada a impertinência da utilização das regras de capacidade para as situações jurídicas existenciais, a exemplo das escolhas sobre o fim da vida. Se o interesse é existencial, o escopo é a livre construção da personalidade, diante do que a separação entre titularidade e exercício do direito permite mácula à autonomia e à dignidade da pessoa. Defende-se, ao final, a necessidade de um regime diverso para o exercício das situações jurídicas existenciais, o qual privilegie a autonomia individual.

A última parte do estudo se destina, inicialmente, à análise da condição das crianças e dos adolescentes a partir das mudanças geradas pela Constituição Federal de 1988, pelo Direito de Família em sua perspectiva eudemonista e pelas disposições do Estatuto da Criança e do Adolescente, que garantem autonomia e dignidade àqueles que ainda não atingiram a maioridade. Doravante, defender-se-á que o ordenamento jurídico brasileiro tutela decisões dos adolescentes acerca de questões que lhe são íntimas – como é o caso da adoção, a título de exemplo –, possibilidade essa a ser estendida às situações que envolvem escolhas referentes ao próprio corpo.

Posto isso, será analisada, na sequência, a pertinência da utilização, no Brasil, da categoria da *capacidade para consentir* para fundamentar decisões de crianças e adolescentes pacientes terminais acerca dos tratamentos a lhes serem aplicados no período final da vida. Com ela, o exercício de direitos existenciais referentes à autonomia corporal se desvincula do critério da idade, de modo que o discernimento se torna o requisito para a tutela de decisões de menores nesse tocante. Aponta-se, desde já, que o manejo dessa categoria deve estar calcado em critérios definidos – os quais serão objeto de investigação –, evitando exagerada complexização do sistema jurídico.

# TERMINALIDADE, RECUSA A TRATAMENTO MÉDICO E O DIREITO À MORTE DIGNA

As escolhas individuais no tocante à própria saúde têm por objetivo o livre desenvolvimento pessoal. Nesse sentido, "é essencial que a pessoa detentora de discernimento possa decidir acerca do próprio destino corporal, inclusive no âmbito de um tratamento médico".[7] Na relação médico-paciente, depois de estabelecido o diálogo e prestadas as devidas informações, uma das possibilidades dos enfermos é a de não aceitar o procedimento indicado pelo profissional, tendo por fundamento a autonomia individual.

Essa conduta, configurada como recusa a procedimento de saúde, é conceituada como "a negativa de iniciar ou de manter um ou alguns tratamentos médicos".[8] O fundamento ora utilizado para a defesa dessa decisão dos pacientes é o entendimento de que a saúde é uma construção individual, que decorre dos valores assumidos pela pessoa e dos seus projetos de vida.[9]

Compreende-se doutrinariamente que a recusa a procedimento médico pode ser ampla ou restrita. Na primeira modalidade, o paciente nega terapia que tem aptidão para lhe restabelecer a saúde; na segunda, mesmo que a intervenção fosse admitida pelo enfermo, não haveria

---

[7] TEIXEIRA, Ana Carolina Brochado. *Saúde, corpo e autonomia privada*. Rio de Janeiro: Renovar, 2010. p. 299.
[8] BARROSO, Luís Roberto; MARTEL, Letícia de Campos Velho. A morte como ela é: dignidade e autonomia individual no final da vida. *In:* GOZZO, D.; LIGIERA, W. R. (Org.). *Bioética e direitos fundamentais*. São Paulo: Saraiva, 2012. p. 26.
[9] TEIXEIRA, Ana Carolina Brochado, *op. cit.*, p. 302.

possibilidade de recuperação de sua condição.[10] Nesta última hipótese, objeto de estudo do presente trabalho, trata-se de suspensão do esforço terapêutico em casos de terminalidade, notadamente relacionada à questão da ortotanásia.

Diferentemente da eutanásia e do suicídio assistido,[11] pela ortotanásia não é abreviada a vida do paciente, mas reduzido o sofrimento do enfermo ao ser afastada a distanásia (ou obstinação terapêutica). Consoante explicam Luís Roberto Barroso e Letícia de Campos Velho Martel, trata-se "[d]a morte em seu tempo adequado, não combatida com os métodos extraordinários e desproporcionais utilizados na distanásia, nem apressada por ação intencional externa, como na eutanásia. É uma aceitação da morte, pois permite que ela siga seu curso".[12]

No presente capítulo, pretende-se analisar especificamente a recusa a tratamento médico por pacientes terminais, sob os enfoques da Bioética, dos direitos da personalidade, bem como a partir dos seus fundamentos jurídicos de dignidade da pessoa humana e de autonomia privada.

## 2.1 Recusa a tratamento médico por pacientes terminais na perspectiva da bioética e dos direitos da personalidade

Nesta seção, a temática da recusa a tratamento médico será analisada sob as perspectivas da Bioética e dos direitos personalíssimos. Na primeira abordagem, a limitação a procedimento de saúde será considerada especialmente pela contraposição entre os princípios da beneficência e da autonomia. Ainda, será verificada a origem da tendência paternalista da medicina, a qual tende a afastar as decisões em saúde dos enfermos. Na segunda abordagem, a temática em análise

---

[10] BARROSO, Luís Roberto; MARTEL, Letícia de Campos Velho, *op. cit.*, p. 27.
[11] Necessário mencionar a diferença conceitual entre tais termos. A eutanásia pode ser conceituada como a provocação da morte do paciente por outra pessoa, em decorrência de pedido feito por aquele e com fundamentos humanitários. Trata-se de um processo pelo qual se abrevia a vida do doente, antecipando-se sua morte. (CAMATA, Gerson. Em defesa da ortotanásia. *In*: PEREIRA, T. S.; MENEZES, R. A.; BARBOZA, H. H. (Coord.). *Vida, morte e dignidade humana*. Rio de Janeiro: GZ, 2010. p. 137). O suicídio assistido, por sua vez, ocorre quando alguém permite que o paciente provoque sua morte, oferecendo-lhe os instrumentos necessários. É de se mencionar que ambas as figuras são previstas como crime pelo ordenamento jurídico pátrio.
[12] BARROSO, Luís Roberto; MARTEL, Letícia de Campos Velho. A morte como ela é: dignidade e autonomia individual no final da vida. *In*: GOZZO, D.; LIGIERA, W. R. (Org.). *Bioética e direitos fundamentais*. São Paulo: Saraiva, 2012. p. 25.

será desenvolvida a partir da previsão do artigo 15 do Código Civil e da questão da irrenunciabilidade dos direitos da personalidade.

## 2.1.1 Desenvolvimento biotecnológico e questões bioéticas acerca da terminalidade

O desenvolvimento científico verificado nas últimas décadas ocorreu de forma expressiva na área da biotecnologia. Em razão dele, tornaram-se possíveis feitos até então inimagináveis, a exemplo do desenvolvimento de vacinas, da fertilização *in vitro*, da utilização de células-tronco embrionárias, do transplante de órgãos entre tantos outros.[13] Esses progressos, acessados de modo desigual pelos indivíduos em virtude do alto custo normalmente envolvido, tendem a conferir maior bem-estar à vida das pessoas que deles podem dispor.[14]

A evolução da medicina é um dos fatores determinantes para o aumento da expectativa de vida no Brasil e no mundo. Segundo o Instituto Brasileiro de Geografia e Estatística – IBGE, entre 1980 e 2013 a esperança de vida ao nascer em nosso país passou de 62,5 para 74,9 anos, representando uma ampliação de 12,4 anos.[15] Em 2018, a expectativa de vida dos brasileiros subiu para 76,3 anos.[16]

Com os avanços da biotecnologia, que inseriram diversas possibilidades de diagnosticar e de tratar as doenças, muitas enfermidades anteriormente compreendidas como incuráveis se tornaram passíveis

---

[13] Explica Adriana Espíndola Corrêa que foi especialmente após a Segunda Guerra Mundial que se desenrolou na seara científica uma grande evolução da biotecnologia, pela qual "Desenvolveram-se e incrementaram-se as técnicas de intervenção no corpo desde os transplantes de órgãos, as técnicas de reprodução assistidas, até o extremo de reconstrução genética do ser humano". (CORRÊA, Adriana Espíndola. *Consentimento livre e esclarecido*: o corpo objeto de relações jurídicas. Florianópolis: Conceito Editorial, 2010. p. 61).

[14] Nesse ponto, cumpre ressaltar o que elucida Leocir Pessini a respeito da existência de progressos médicos no Brasil e do precário acesso da população a eles: "Na nossa realidade de Terceiro Mundo nos deparamos com a falta de tecnologia básica, ou então, quando esta existe, principalmente nos grandes centros urbanos, em hospitais especializados, serve a uma elite somente. (...) O problema ético emergente é a desigualdade social no acesso às benesses do progresso". (PESSINI, Leocir. *Morrer com dignidade*: como ajudar o paciente terminal. 2. ed. Aparecida: Santuário, 1990. p. 27).

[15] INSTITUTO BRASILEIRO DE GEOGRAFIA E ESTATÍSTICA: *Tábua completa de mortalidade para o Brasil – 2013*: Breve análise da mortalidade nos períodos 2012-2013 e 1980-2013. Rio de Janeiro, 2014. Disponível em: http://www.ibge.gov.br/home/estatistica/populacao/tabuadevida/2013/defaulttab_pdf.shtm. Acesso em: 04 dez. 2020.

[16] INSTITUTO BRASILEIRO DE GEOGRAFIA E ESTATÍSTICA: *Tábua completa de mortalidade para o Brasil – 2019*. Breve análise da evolução da mortalidade no Brasil. Rio de Janeiro, 2020. Disponível em: https://biblioteca.ibge.gov.br/visualizacao/periodicos/3097/tcmb_2019.pdf. Acesso em: 04 dez.2020.

de cura ou de controle, e seus portadores contam, atualmente, com considerável qualidade e expectativa de vida. Exemplar disso são aqueles que apresentam o vírus HIV, os quais têm à disposição medicamentos aptos a obstruir o progresso viral.[17] Em que pese a enfermidade ainda não tenha cura, com os tratamentos oferecidos o portador pode viver com qualidade.

As inovações da medicina estão a alterar de modo importante a relação dos indivíduos com a própria saúde. Antes da revolução tecnológica das últimas décadas, o diagnóstico de doenças graves tinha por consequência a resignação dos médicos e dos enfermos, diante da impossibilidade de tratamento. Isso, porque a diagnose de doenças como câncer, AIDS e tuberculose significava risco iminente de morte. Em tais casos, restava usualmente aos profissionais de saúde o controle do desconforto sofrido pelo enfermo. Contemporaneamente, ao ser identificada uma enfermidade abre-se, na maior parte dos casos, um extenso rol de procedimentos que pode levar ao tratamento ou à manutenção da vida.

Nesse cenário de grande desenvolvimento científico, a não aceitação pelo enfermo de determinada terapia indicada pelo médico como procedimento adequado à cura da enfermidade ou ao prolongamento da vida é tida como uma conduta questionável. Isso, porque é recorrente o entendimento de que os profissionais da saúde são aqueles que detêm o conhecimento e, diante disso, são os únicos que podem tomar decisões acerca dos tratamentos, cabendo ao paciente apenas aceitar a escolha do médico – mesmo que esta seja contrária a seus valores pessoais. A título de ilustração da tendência ainda impositiva na seara da medicina, cabe mencionar a frequente desconsideração da decisão das testemunhas de Jeová pela não transfusão sanguínea.[18]

---

[17] A Lei nº 9.313/1996 dispõe sobre a distribuição obrigatória e gratuita de medicamentos aos portadores do HIV e doentes de AIDS pelo Sistema Único de Saúde. Em seu artigo 1º preconiza que "Os portadores do HIV (vírus da imunodeficiência humana) e doentes de AIDS (Síndrome da Imunodeficiência Adquirida) receberão, gratuitamente, do Sistema Único de Saúde, toda a medicação necessária a seu tratamento". (BRASIL. Lei nº 9.313, de 14 de novembro de 1996. *Diário Oficial da União*, Poder Executivo, Brasília, DF, 1990).

[18] Acerca do tema, afirma João Baptista Villela que "O desprezo que médicos e juízes demonstram para com a opção não transfusionista das testemunhas de Jeová revela bem até que ponto o suposto respeito pela vida alheia mascara visões autoritárias e invasivas". (VILLELA, João Baptista. O Código Civil Brasileiro e o direito à recusa de tratamento médico. *In*: GOZZO, D.; LIGIERA, W. R. (Org.). *Bioética e direitos fundamentais*. São Paulo: Saraiva, 2012. p. 124).

Sob o argumento de respeito e consideração à vida alheia, dá-se azo à tendência obsessiva da medicina pela cura e pelo afastamento da morte. Desde o curso de graduação, os estudantes são ensinados a tratar a doença e evitar o óbito sem necessariamente analisar os valores e escolhas pessoais dos doentes.[19] Com isso, o objeto da atuação médica, por vezes, deixa de ser o paciente e passa a ser a enfermidade. Nessa sistemática, o paciente com frequência não é ouvido, sendo afastado de decisões acerca de sua saúde em razão da compreensão de que somente o médico é capaz de dizer o que é adequado no seu caso. Emerge uma postura paternalista, que tem por consequência a mitigação da autonomia do enfermo.

A revolução da biotecnologia também tem por consequência a modificação do processo de morte dos indivíduos.[20] Em decorrência dos avanços na medicina, morre-se atualmente em idade bastante avançada, com medicamentos para reduzir a dor, "mas costuma-se morrer isolado, solitário, hospitalizado, recebendo um tratamento impessoal, estando sedado e submetendo-se a um processo de fim da vida prolongado ao extremo".[21]

Vê-se atualmente que o progresso biomédico não tem trazido à saúde dos indivíduos exclusivamente benefícios, pois em determinadas circunstâncias o aparato tecnológico pode afetar a dignidade humana, em especial quando se dirige ao controle do processo de morrer dos pacientes terminais.[22] Nessa esteira, afirma Roxana Cardoso

---

[19] Explica Débora Diniz, nesse tocante, que "Os profissionais de saúde são socializados em um *ethos* que, erroneamente, associa a morte ao fracasso". (DINIZ, Débora. Quando a morte é um ato de cuidado: obstinação terapêutica em crianças = When death is an act of care: refusing life support for children. *Cadernos de Saúde Pública*, Rio de Janeiro, v. 22, n. 8, p. 1741-1748, ago. 2006. Disponível em: http://www.scielo.br/pdf/csp/v22n8/23.pdf. Acesso em: 20 nov. 2020).

[20] De acordo com Maria de Fátima Freire de Sá e Diogo Luna Moureira, é "inegável que os avanços biotecnológicos e farmacológicos têm tornado cada dia mais dificultoso o morrer". (SÁ, Maria de Fátima Freire de; MOUREIRA, Diogo Luna. *Autonomia para morrer*: eutanásia, suicídio assistido e diretivas antecipadas de vontade. Belo Horizonte: Del Rey, 2012. p. 13).

[21] MÖLLER, Letícia Ludwig. *Direito à morte com dignidade e autonomia*: o direito à morte de pacientes terminais e os princípios da dignidade e autonomia da vontade. 1. ed. (ano 2007), 1. reimp. Curitiba: Juruá, 2009. p. 32.

[22] Sobre essa questão, afirma Dworkin que "Os médicos dispõem de um aparato capaz de manter vivas – às vezes por semanas, em outros casos por anos – pessoas que já estão à beira da morte ou terrivelmente incapacitadas, entubadas, desfiguradas por operações experimentais, com dores ou no limiar da inconsciência de tão sedadas, ligadas a dúzias de aparelhos sem os quais perderiam a maior parte de suas funções vitais, exploradas por dezenas de médicos que não são capazes de reconhecer e para os quais já deixaram de ser

Brasileiro Borges que "biologicamente, certos órgãos das pessoas podem ser mantidos em funcionamento indefinidamente, de forma artificial, sem nenhuma perspectiva de cura ou melhora". Ainda segundo a autora, em muitos casos os procedimentos médicos prescritos aos pacientes são incapazes de curá-los ou de beneficiá-los, apenas postergando sua morte:[23] tratam-se dos tratamentos extraordinários.

Cumpre mencionar a diferença entre tratamentos ordinários e extraordinários feita por Leocir Pessini. Para o autor, os primeiros representam os remédios e intervenções que geram considerável benefício ao enfermo, sem custo ou desconforto exagerados. Os segundos, por sua vez, são obtidos com elevado gasto, geram dores e inconvenientes e não trazem razoável esperança de benefício.[24]

Com o intuito de afastar a morte ao máximo, são frequentemente utilizados tratamentos extraordinários em pacientes terminais, pelos quais se atinge apenas o afastamento da morte. A tentativa de prolongamento da vida em situações em que a morte é iminente, por meio do emprego de procedimentos médicos extraordinários, é compreendida como *distanásia*. Trata-se da manutenção artificial da vida – ou do processo de morrer – do enfermo que, de acordo com a ciência médica, não tem chances de cura ou de recuperação.[25]

Não obstante a definição de distanásia esteja fundamentada na excepcionalidade ou futilidade do tratamento, o reconhecimento dessa prática é individual. Enquanto para determinadas pessoas certo procedimento pode ser desejável, para outras é possível que seja

---

pacientes para tornar-se verdadeiros campos de batalha". (DWORKIN, Ronald. *Domínio da vida*: aborto, eutanásia e liberdade individuais. Trad. Jefferson Luiz Camargo. 2. ed. São Paulo: WMF Martins Fontes, 2009. p. 252).

[23] BORGES, Roxana Cardoso Brasileiro. Conexões entre direitos de personalidade e bioética. In: GOZZO, D.; LIGIERA, W. R. (Org.). *Bioética e direitos fundamentais*. São Paulo: Saraiva, 2012. p. 169.

[24] PESSINI, Leocir. *Morrer com dignidade*: como ajudar o paciente terminal. 2. ed. atual. e ampl. Aparecida: Santuário, 1990. p. 60. Acerca do tema, Adriana Espíndola Corrêa aponta que a diferenciação entre tratamentos ordinários e extraordinários é utilizada pela literatura de ética médica anglo-saxã para "Delimitar a extensão do dever do médico de buscar a cura e a preservação da vida do paciente. O critério de distinção (...) é técnico, e está relacionado com a utilidade e produtividade do procedimento, isto é, de sua potencialidade para produzir efeitos positivos no estado de saúde do paciente, levando-se em consideração, também, os riscos e desconfortos a serem arcados por ele". (CORRÊA, Adriana Espíndola. *Consentimento livre e esclarecido*: o corpo objeto de relações jurídicas. Florianópolis: Conceito Editorial, 2010. p. 102-103).

[25] BARROSO, Luís Roberto; MARTEL, Letícia de Campos Velho. A morte como ela é: dignidade e autonomia individual no final da vida. In: GOZZO, D.; LIGIERA, W. R. (Org.). *Bioética e direitos fundamentais*. São Paulo: Saraiva, 2012. p. 25.

compreendido como excessivo.[26] Com efeito, os parâmetros de sofrimento e de qualidade de vida são pessoais.[27]

A distanásia é conduta vinculada ao entendimento de morte como fracasso médico. Philippe Ariès, na obra "História da Morte no Ocidente", indica as principais formas através das quais o homem ocidental se relacionou com o processo de morrer.[28] Aponta que a partir do século XIX emerge o modelo de *morte invertida*, que vige, em determinados aspectos, até o período atual. Nele, o morrer deixa de ser entendido como acontecimento natural e passa a ser reconhecido como *fracasso, incompetência ou imperícia*.[29] Sob essa compreensão, buscam muitas vezes os profissionais da saúde afastar a morte com base em tratamentos extraordinários, mesmo sem garantir qualidade de vida

---

[26] É o que afirma Débora Diniz no seguinte excerto: "Não se define obstinação terapêutica em termos absolutos. Um conjunto de medidas terapêuticas pode ser considerado necessário e desejável para uma determinada pessoa e excessivo e agressivo para outra. Essa fronteira entre o necessário e o excesso nem sempre é consensual, pois o que há por trás dessa ambiguidade são também diferentes concepções sobre o sentido da existência humana". (DINIZ, Débora. Quando a morte é um ato de cuidado: obstinação terapêutica em crianças = When death is an act of care: refusing life support for children. *Cadernos de Saúde Pública*, Rio de Janeiro, v. 22, n. 8, p. 1741-1748, ago. 2006. Disponível em: http://www.scielo.br/pdf/csp/v22n8/23.pdf. Acesso em: 20 nov. 2020).

[27] TEIXEIRA, Ana Carolina Brochado. *Saúde, corpo e autonomia privada*. Rio de Janeiro: Renovar, 2010, p. 306.

[28] Em que pese tenha pertinência direta com o presente estudo apenas o modelo de *morte invertida*, cumpre mencionar os outros três modelos estudados por Phillipe Ariès. O primeiro deles é o de *morte domada*, característico do período medieval até aproximadamente o século XII. Naquele momento, em razão da escassez de recursos médicos, havia predomínio de uma relação familiar e próxima com a morte. O segundo modelo, identificado a partir do século XII, refere-se à *morte de si mesmo*, momento em que ao processo de morrer é atribuída uma carga de emoção em virtude do reconhecimento da subjetividade. Com o século XVIII, advém o modelo da *morte do outro*, em que a preocupação deixa de ser relacionada à própria morte. É a partir do século XIX, de acordo com Ariès, que pode ser reconhecido o modelo de *morte invertida*. (ARIÈS, Philippe. *História da morte no Ocidente*: da Idade Média aos nossos dias. Trad. Priscila Viana de Siqueira. Edição especial. Rio de Janeiro: Nova Fronteira, 2012, *passim*). Em que pese seja esclarecedor o histórico apresentado por Ariès, a crítica tecida por Norbert Elias, em virtude do caráter descritivo e linear da teoria, merece ser considerada: "Philippe Ariès, em seu instigante e bem-documentado 'História da Morte no Ocidente', tentou apresentar a seus leitores um retrato vívido das mudanças no comportamento e atitudes dos povos ocidentais diante da morte. Mas Ariès entende a história puramente como descrição. Acumula imagens e mais imagens e assim, em amplas pinceladas, mostra a mudança total. Isso é bom e estimulante, mas não explica nada. (...) Embora seu livro seja rico em evidências históricas, sua seleção e interpretação dessas evidências devem ser examinadas com muito cuidado". (ELIAS, Norbert. *A solidão dos moribundos*. Trad. Plínio Dentzien. Rio de Janeiro: Zahar, 2001. p. 19).

[29] KOVÁCS, Maria Júlia. Atitudes diante da morte: visão histórica, social e cultural. *In*: KOVÁCS, Maria Júlia (Org.). *Morte e desenvolvimento humano*. 5. ed., 3. reimpr. São Paulo: Casa do Psicólogo, 2008. p. 39.

ao enfermo. É nesse contexto que a situação de terminalidade pode ser prolongada em dimensões até então desconhecidas.

Em que pese ainda sejam verificadas contemporaneamente permanências do modelo de *morte invertida*, é notável a progressiva alteração nesse tocante. Verifica-se uma maior preocupação quanto à qualidade de vida do paciente terminal, com vistas ao alívio da dor e do desconforto e à valorização da autonomia. Os cuidados paliativos – ainda insuficientes no Brasil – paulatinamente ganham visibilidade.[30]

Identificar o paciente terminal é tarefa complexa. Fala-se em estado de terminalidade quando o diagnóstico indica para a inexistente ou muito reduzida viabilidade de recuperação do doente,[31] isto é, quando esgotadas as possibilidades de tratamento da enfermidade. Há nítida dificuldade em se precisar quando um enfermo é terminal, e, em razão disso, são utilizados determinados quesitos para se proceder à identificação da terminalidade. Renato Lima Charneaux Sertã, reconhecendo a dificuldade na identificação desse estado, sugere a utilização de critérios objetivo, subjetivo e intuitivo.

Pelo critério objetivo, são realizados exames e avaliações médicas, a fim de averiguar a viabilidade de cura. O critério subjetivo se relaciona com as reações do enfermo aferidas pela realização de exames. O critério intuitivo, por sua vez, se refere à experiência profissional do médico e da equipe de saúde quanto ao prognóstico da enfermidade. Tais quesitos, mesmo que de forma limitada diante das complexidades do corpo humano, facilitam a identificação da terminalidade, situação essa na qual a medicina não mais se mostra apta a curar o paciente.[32]

---

[30] Quanto aos programas de cuidados paliativos, explica Maria Júlia Kovács que: "Em meados do século XX, começaram a se desenvolver na Europa e nos Estados Unidos os programas de cuidados paliativos, inspirados nas idéias de pioneiros como Kubler-Ross e Saunders. A instituição modelo dos cuidados paliativos, denominada 'hospice', é o St Christopher's, fundada em Londres em 1967, por Cicely Saunders. O objetivo destes programas é a diminuição do sofrimento causado por doenças malignas e degenerativas. Não se propõem a realizar diagnósticos sofisticados ou tratamentos com alta tecnologia, mas sim buscam oferecer alívio de sintomas incapacitantes e melhora da qualidade de vida. A família participa de todo o processo, e se o paciente está internado pode permanecer o tempo todo com ele, inclusive no momento de sua morte. (...) É favorecida a autonomia e a participação do paciente em seus tratamentos, e logo que é possível e com a concordância deste e de seus familiares a continuidade do tratamento pode ser realizada no domicílio. Visa-se estimular a busca de atividades importantes para o paciente, tornando seus últimos momentos de vida mais significativos, bem como proporcionando a dignificação do processo de morrer". (KOVÁCS, Maria Júlia. Autonomia e o direito de morrer com dignidade. *Revista Bioética*. Brasília, DF, v. 6, n.1, 1998, p. 62).

[31] ASCENSÃO, José Oliveira. A terminalidade da vida. *In*: TEPEDINO, Gustavo; FACHIN, Luiz Edson (Coord.). *O direito e o tempo*: embates jurídicos e utopias contemporâneas. Rio de Janeiro: Renovar, 2008. p. 162.

[32] SERTÃ, Renato Lima Charneaux. *A distanásia e a dignidade do paciente*. Rio de Janeiro: Renovar, 2005. p. 87.

No contexto de medicalização excessiva no final da vida, o número de pacientes em situação de terminalidade aumentou de modo considerável, bem como a duração do processo de morrer. De acordo com relatório da Organização Mundial da Saúde – OMS disponibilizado em 2020, intitulado *"Global Atlas of Palliative Care at the End of Life"*, o estado de saúde de 56,8 milhões de pessoas requer, anualmente, cuidados paliativos. Desse total, pelo menos 7% são crianças.[33] Mencionado relatório aponta, ainda, que apenas 14% da população global tem acesso adequado e avançado a tratamentos paliativos, os quais têm por função a redução da dor e a mitigação do sofrimento psíquico[34] no período final da vida. Indica, também, que somente trinta países no mundo têm adequado sistema de cuidados destinado aos pacientes terminais, não constando o Brasil no rol.[35]

De acordo com o Conselho Federal de Medicina – CFM, no período de fim de vida dos pacientes terminais, momento no qual decisões relevantes devem ser tomadas quanto à manutenção de tratamentos médicos, 95% dos pacientes são afetados por incapacidade de comunicação.[36]

Em razão da mitigação da capacidade de comunicação, bastante frequente nas circunstâncias de terminalidade, as decisões acerca das terapias que serão aplicadas neste momento derradeiro da vida tendem

---

[33] WORLD HEALTH ORGANIZATION; WORLDWIDE PALLIATIVE CARE ALLIANCE. *Global Atlas of Palliative Care at the End of Life* – 2. edition. [S.l.:s.n.], jan. 2014. Disponível em: http://www.thewhpca.org/resources/global-atlas-on-end-of-life-care. Acesso em: 04 dez. 2020, tradução nossa).

[34] É inegável e imensurável o sofrimento psíquico sofrido pelos enfermos terminais. Maria Júlia Kovács pontua que: "Os pacientes em estágio terminal da doença podem passar por vários sofrimentos, entre os quais podemos citar: afastamento da família, do trabalho, perdas financeiras, perda da autonomia do próprio corpo, dependência, dor, degeneração, incerteza e medo do sofrimento intenso. Podem também vivenciar dois processos de luto: perda dos familiares e perda de si próprios". (KOVÁCS, Maria Júlia. Autonomia e o direito de morrer com dignidade. *Revista Bioética*. Brasília, DF, v. 6, n.1, 1998, p. 03).

[35] WORLD HEALTH ORGANIZATION; WORLDWIDE PALLIATIVE CARE ALLIANCE. *Global Atlas of Palliative Care at the End of Life* –2. edition. [S.l.:s.n.], jan. 2014. Disponível em: http://www.thewhpca.org/resources/global-atlas-on-end-of-life-care. Acesso em: 04 dez. 2020, tradução nossa).

[36] Nos termos da exposição de motivos da Resolução nº 1.995/2012 do CFM, a qual inseriu o dever dos médicos de respeitar as diretivas antecipadas dos enfermos terminais, "Um aspecto relevante no contexto do final da vida do paciente, quando são adotadas decisões médicas cruciais a seu respeito, consiste na incapacidade de comunicação que afeta 95% dos pacientes (D'Amico *et al.*, 2009). Neste contexto, as decisões médicas sobre seu atendimento são adotadas com a participação de outras pessoas que podem desconhecer suas vontades e, em consequência, desrespeitá-las". (CONSELHO FEDERAL DE MEDICINA. Resolução nº 1.995, de 31 de agosto de 2012, *Diário Oficial da União*. Brasília, DF, 2012. Disponível em: http://www.portalmedico.org.br/resolucoes/CFM/2012/1995_2012.pdf. Acesso em: 20 out. 2020).

a ser tomadas por pessoas diversas do enfermo, que podem não conhecer seus desejos. Em geral, são os familiares do doente, juntamente com a equipe médica, que realizam tais decisões. Abre-se espaço, nesse contexto, para o paternalismo da equipe de saúde, tema a ser tratado no tópico subsequente.

### 2.1.2 A recusa a tratamento médico pelo prisma da bioética: entre paternalismo e autonomia

O desenvolvimento da biotecnologia, ao trazer novas perspectivas para a vida humana, põe em pauta diversas questões, como o início e o fim do ciclo vital, a possibilidade de pesquisa com seres humanos, o consumo de alimentos transgênicos, a reprodução humana assistida entre muitas outras. Diante de tantas possibilidades engendradas pelas ciências, o corpo e a saúde se tornam espaços de decisões íntimas a serem tomadas pelos indivíduos, as quais revelam as escolhas de vida e a identidade da pessoa.

No cenário presente, em que as ciências médicas e tecnológicas estão em constante e expressivo progresso, demanda-se da bioética o estabelecimento de limites ao domínio do homem quanto à vida, de modo a assegurar sua essência e a afastar sua instrumentalização. É nesse sentido que Luiz Salvador de Miranda Sá Jr. e Roberto Luiz D'Ávila afirmam que a bioética:

> (...) se destina a estudar sistematicamente as normas morais e as regras de conduta social, especificamente as que se destinam a regular as atividades científicas e técnicas na área da saúde e das investigações sobre os fenômenos da vida, de modo a conter as atividades e procedimentos tecnológicos tidos como maus, injustos, indevidos, desumanos, anti-sociais ou perniciosos.[37]

A relevância atribuída aos princípios da beneficência e da não-maleficência, da justiça e da autonomia é traço fundamental da bioética. Aludidos preceitos foram idealizados por Beauchamp e Childress na obra "Princípios da *Ética* Biomédica".[38]

---

[37] SÁ JÚNIOR, Luiz Salvador de Miranda; D'ÁVILA, Roberto Luiz. Ética médica e bioética. *In:* LEITE, Eduardo de Oliveira (Coord.). *Grandes temas da atualidade*: bioética e biodireito. Rio de Janeiro: Forense, 2004. p. 307.

[38] Considerando o escopo do presente tópico, que é a análise da recusa a tratamento médico a partir do binômio paternalismo-autonomia, não será objeto de investigação, neste primeiro momento, o princípio da justiça.

Compreende-se doutrinariamente que o princípio da beneficência preconiza o dever dos profissionais da saúde de buscar primeiramente o bem do paciente a partir da maximização dos benefícios ao enfermo e da minimização dos riscos decorrentes dos procedimentos.[39] É incumbência de médicos e enfermeiros, de acordo com esse preceito, restabelecer a saúde ao paciente. A *contrario sensu*, o princípio da não-maleficência preceitua o dever dos profissionais da área da saúde de não causar danos ao paciente.[40] Em outro giro, tem-se o princípio da autonomia, o qual institui a aceitação de que as pessoas se autogovernem e tomem suas próprias decisões no campo da saúde, visando a resguardar a dignidade e o direito de autodeterminação.[41]

A contradição entre os princípios da beneficência e da autonomia é notável. Isso, porque enquanto o primeiro permite ao médico adotar um posicionamento paternalista – isto é, definindo ele mesmo o que é o melhor para o paciente –, o segundo garante que os sujeitos são capazes de reconhecer o que lhes é mais adequado em matéria de saúde.[42]

Apesar da alteração que passa a ser notada atualmente, conforme será apresentado no tópico subsequente, ainda é frequente o comportamento impositivo de médicos, que muitas vezes submetem os pacientes a tratamentos sem seu consentimento e sonegam informações sobre a

---

[39] Conforme explicado por Maria Celeste Cordeiro Leite Santos, "O princípio da Beneficência enuncia a obrigatoriedade do profissional da saúde e do investigador de promover primeiramente o bem do paciente e se baseia na regra da confiabilidade". (SANTOS, Maria Celeste Cordeiro Leite. *O equilíbrio de um pêndulo*: bioética e a lei: implicações médico-legais. São Paulo: Ícone, 1998. p. 42).

[40] Para muitos autores, o princípio da não-maleficência seria decorrente do princípio da beneficência, diante do que careceria de sentido a divisão. É o caso de Claudio Cohen e José Álvaro Marques Marcolino, para quem "a Bioética fundamenta-se em três princípios: 1. O princípio da autonomia; 2. o princípio da beneficência e 3. o princípio da justiça (...)". (COHEN, Claudio; MARCOLINO, José Álvaro Marques. Relação Médico-Paciente. *In*: SEGRE, Marco; COHEN, Claudio (Org.). *Bioética*. 3. ed. rev. e ampl., 1. reimpr. São Paulo: Editora da Universidade de São Paulo, 2008. p. 84). Para outros autores, não haveria utilidade em diferenciar *fazer o bem* e *não fazer o mal*. É o caso, por exemplo, de Marco Segre, para quem "(...) as diferenças entre não fazer o mal e fazer o bem são apenas acadêmicas". (SEGRE, Marco. Considerações críticas sobre os princípios da bioética. *In*: SEGRE, Marco; COHEN, Cláudio (Org.). *Bioética*. 3. ed. rev. e ampl., 1. reimpr. São Paulo: Editora da Universidade de São Paulo, 2008. p. 36).

[41] CORRÊA, Adriana Espíndola. *Consentimento livre e esclarecido*: o corpo objeto de relações jurídicas. Florianópolis: Conceito Editorial, 2010. p. 99.

[42] Consoante explica Adriana Espíndola Corrêa, "(...) nas situações em que a decisão do paciente diverge do entendimento profissional e das concepções morais do médico, instala-se um conflito entre a autonomia do paciente e o direito do médico de exercer sua profissão de forma autônoma e de cumprir o dever de beneficência ou não-maleficência". (CORRÊA, Adriana Espíndola. *Consentimento livre e esclarecido*: o corpo objeto de relações jurídicas. Florianópolis: Conceito Editorial, 2010. p. 101).

doença.⁴³ Adotando tais condutas, o profissional age considerando aquilo que ele mesmo julga adequado ao paciente. A atuação paternalista dos profissionais de saúde, priorizando a vida do paciente em prejuízo de suas decisões individuais e fazendo dela um verdadeiro dever, decorre muitas vezes do receio de imputação de responsabilização judicial.⁴⁴

Não obstante, o entendimento atual é de que o dever dos profissionais da área da saúde de curar não permite que atuem contrariamente à vontade do enfermo já devidamente informado quanto ao seu diagnóstico e ao desenvolvimento da doença. Prestadas as informações, e estando o enfermo em condições de discernir, pode ele tomar a decisão de negar a terapia indicada pelo médico.⁴⁵

Nessa perspectiva de priorização da autonomia, pretende-se uma relação mais igualitária e aberta entre médico e paciente, que tenha como elemento principal o diálogo. Nela, ao profissional da saúde cabe informar e aconselhar o enfermo – maior interessado acerca de sua doença –, repassando a esse a decisão acerca do procedimento.⁴⁶ O paciente, com isso, deixa a posição de objeto e se torna sujeito do tratamento.⁴⁷

O ponto central para que a relação médico-paciente seja menos autoritária e mais igualitária é a comunicação entre as partes. Os enfermos têm assegurado o direito à informação, merecendo saber sobre o diagnóstico e o prognóstico da doença. Importante, no entanto, que os profissionais da saúde saibam conduzir o processo de diálogo, de modo que suas palavras não fragilizem ainda mais aquele que está acometido por uma enfermidade.⁴⁸

Compreendendo o doente que o tratamento vai de encontro ao seu projeto de vida e aos seus valores pessoais, ou, ainda, que representa sofrimento excessivo, estando ele em condições de discernir e devidamente informado acerca das possíveis consequências de sua não aplicação, pode negar o procedimento médico, instrumentalizando sua

---

⁴³ COHEN, Claudio; MARCOLINO, José Álvaro Marques. Relação Médico-Paciente. *In:* SEGRE, Marco; COHEN, Claudio (Org.). *Bioética.* 3. ed. rev. e ampl., 1. reimpr. São Paulo: Editora da Universidade de São Paulo, 2008. p. 90.
⁴⁴ TEIXEIRA, Ana Carolina Brochado. *Saúde, corpo e autonomia privada.* Rio de Janeiro: Renovar, 2010. p. 303.
⁴⁵ *Ibidem,* p. 304.
⁴⁶ *Ibidem,* p. 246.
⁴⁷ STANCIOLI, Brunello Souza. *Relação jurídica médico-paciente.* Belo Horizonte: Del Rey, 2004. p. 26-27.
⁴⁸ SÁ, Maria de Fátima Freire de; MOUREIRA, Diogo Luna. *Autonomia para morrer:* eutanásia, suicídio assistido e diretivas antecipadas de vontade. Belo Horizonte: Del Rey, 2012. p. 80.

decisão por meio de Termo de Consentimento Livre e Esclarecido – tema que será abordado ainda neste capítulo.

A partir do entendimento de que as decisões em saúde são extensão da construção individual da personalidade, bem como da compreensão de que os enfermos têm o direito de recusar procedimentos médicos, não há espaço para a defesa da obrigatoriedade de realização de procedimento médico nos casos em que a decisão atinge apenas a condição do próprio indivíduo. Assim, somente se torna obrigatório o tratamento médico quando a enfermidade da pessoa coloca em risco a saúde pública, situações nas quais a solidariedade prevalece sobre a autonomia individual.[49] A compulsoriedade de procedimento médico é, portanto, regime excepcional.[50]

### 2.1.3 Breve histórico do paternalismo médico

Por muito tempo, o princípio da beneficência esteve em posição privilegiada frente à autonomia do paciente, tendo em vista especialmente o conteúdo do juramento hipocrático, originado na Grécia Antiga. Nele, constava o dever do médico de exercer a medicina em benefício dos pacientes, de acordo com a fórmula "Aplicarei os regimes para o bem do doente segundo o meu poder e entendimento, nunca para causar dano ou mal a alguém".[51]

O "*Corpus Hippocraticum*", coleção de textos de medicina atribuídos a Hipócrates do qual o juramento faz parte, tornou-se o parâmetro para análise da conduta médica. Com o advento do cristianismo, o conteúdo do juramento recebeu adaptações à moralidade cristã, com a inclusão da noção de caridade, sem alterar, no entanto, a estrutura e a lógica fundamentais anteriores.[52]

---

[49] TEIXEIRA, Ana Carolina Brochado. *Saúde, corpo e autonomia privada*. Rio de Janeiro: Renovar, 2010. p. 321.
[50] É o que afirma Adriana Espíndola Corrêa: "O tratamento compulsório só é legítimo para proteção de interesses de direitos fundamentais de terceiros ou da proteção coletiva da saúde, amparado por decisão judicial ou disposição legal, não sendo lícito quando o perigo recai somente sobre a saúde do indivíduo". (CORRÊA, Adriana Espíndola. *Consentimento livre e esclarecido*: o corpo objeto de relações jurídicas. Florianópolis: Conceito Editorial, 2010. p. 107).
[51] O juramento hipocrático pode ser encontrado em diversas versões. A versão ora referenciada, utilizada pelo Conselho Estadual de Medicina de São Paulo, é datada de 1.771 (CONSELHO ESTADUAL DE MEDICINA DO ESTADO DE SÃO PAULO. *Juramento de Hipócrates*. Disponível em: http://www.cremesp.org.br/?siteAcao=Historia&esc=3. Acesso em: 17 nov. 2020).
[52] WANSSA, Maria do Carmo Demasi. Autonomia versus beneficência. *Revista Bioética*, Brasília, DF, v. 19, n. 1, p. 106-107, 2011.

Baseada na noção de médico como salvador, ao longo da Idade Média a relação médico-paciente era regida por três preceitos: "os pacientes devem honrar os médicos, porque sua autoridade provém de Deus; os pacientes devem ter fé em seu médico e [os pacientes] devem prometer obediência".[53] A partir do século XII, inicia-se um processo de profissionalização e cientifização da medicina, decorrente em especial da inauguração de faculdades de ciências médicas.

Brunello Souza Stancioli explica que com o advento do século XIX a medicina recebeu grande influência do positivismo de Auguste Comte, o que deu azo ao avanço do *positivismo médico*. Acreditava-se que caberia a essa ciência "dirimir os comportamentos, até mesmo dando-lhes novas bases de moralidade, mais 'saudáveis', e não corrompidas por quaisquer tipos de doenças".[54]

Teve início, nesse período, um processo de *medicalização da sociedade*, com o reconhecimento de que a medicina em tudo poderia intervir e de que não teria fronteiras. O paciente, nessa lógica, "não era sujeito do seu próprio tratamento, não possuía autonomia ou interação com a prática médica, detentora do verdadeiro saber conformativo do corpo e da moral".[55]

No Brasil, esse movimento na seara médica foi especialmente verificado durante o período da República. A Revolta da Vacina, ocorrida no Rio de Janeiro em 1904 e motivada pela vacinação obrigatória contra a varíola, exemplifica a tendência autoritária no campo médico naquele período. Contextualizada em um momento de reforma urbana, o que a insurgência sinalizou foi a exclusão social e o uso impositivo da ciência.[56]

Com o controle das principais epidemias, o caráter autoritário da medicina se tornou mais sutil. De todo modo, a base positivista foi

---

[53] *Ibidem*, p. 107.
[54] STANCIOLI, Brunello Souza. *Relação jurídica médico-paciente*. Belo Horizonte: Del Rey, 2004. p. 14.
[55] *Ibidem*, p. 15-16.
[56] Nicolau Sevcenko, na obra "A Revolta da Vacina", explicita o caráter impositivo definido pelo regulamento que determinava a vacinação obrigatória contra a varíola: "O regulamento era extremamente rígido, abrangendo desde recém-nascidos até idosos, impondo vacinações, exames e reexames, ameaçando com multas pesadas e demissões sumárias, limitando os espaços para recursos, defesas e omissões. O objetivo era uma campanha massiva, rápida, sem quaisquer embaraços e fulminante: o mais amplo sucesso, no mais curto prazo. Não havia qualquer preocupação com a preparação psicológica da população, de quem só se exigia a submissão incondicional. Essa insensibilidade política e tecnocrática foi fatal para a lei da vacina obrigatória. Infelizmente, não só para ela". (SEVCENKO, Nicolau. *A revolta da vacina*: mentes insanas em corpos rebeldes. São Paulo: Scipione, 1993. p. 10. Disponível em: http://portalconservador.com/livros/Nicolau-Sevcenko-A-Revolta-da-Vacina.pdf. Acesso em: 22 out. 2020).

mantida, bem como a sistêmica violação à individualidade dos enfermos e sua objetificação.[57]

O questionamento quanto à conduta paternalista na medicina é datado do início de século XX, quando os tribunais dos Estados Unidos passaram a considerar intervenções médicas não autorizadas pelo enfermo como violação ao direito à autodeterminação individual.[58] Desde então, a tendência é a maior valorização da autonomia do paciente, diante do seu reconhecimento como pessoa merecedora de proteção. Trata-se de consequência do espaço de centralidade ocupado pela pessoa nos ordenamentos jurídicos a partir da segunda metade do século XX, o qual exige tutela à dignidade humana.

## 2.1.4 A recusa a tratamento médico pelo prisma dos direitos da personalidade

A dignidade da pessoa humana e os direitos fundamentais dão origem à disciplina de proteção integral à personalidade no ordenamento jurídico brasileiro. O Código Civil, ao tipificar direitos personalíssimos na Parte Geral, promove uma complementação à proteção genérica, sem dar origem a um rol taxativo de situações a serem tuteladas, uma vez que são imprevisíveis as circunstâncias de violação à pessoa.[59]

De acordo com Elimar Szaniawski, os direitos personalíssimos se voltam à proteção dos atributos da personalidade humana.[60] Carlos Alberto da Mota Pinto, ao tratar sobre os direitos da personalidade no contexto português, afirma que esses "constituem um círculo de direitos necessários; um conteúdo mínimo e imprescindível da esfera jurídica de cada pessoa".[61]

---

[57] STANCIOLI, Brunello Souza. *Relação jurídica médico-paciente*. Belo Horizonte: Del Rey, 2004. p. 21.
[58] WANSSA, Maria do Carmo Demasi. Autonomia *versus* beneficência. *Revista Bioética*, Brasília, DF, v. 19, n. 1, p. 107-108, 2011.
[59] É o que afirmou Eroulths Cortiano Júnior sobre o projeto do Código Civil de 2002: "A tipificação dos direitos da personalidade deve ser entendida e operacionalizada em conjunto com a proteção de um direito geral da personalidade (um e outro se completam). Onde não houver previsão tipificada, o operador do direito leva em consideração a proteção genérica". (CORTIANO JÚNIOR, Eroulths. Alguns apontamentos sobre os chamados direitos da personalidade. *In:* FACHIN, Luiz Edson (Coord.). *Repensando fundamentos do direito civil brasileiro contemporâneo*. Rio de Janeiro: Renovar, 2000. p. 47).
[60] SZANIAWSKI, Elimar. *Direitos da personalidade e sua tutela*. 2. ed. atual. e ampl. São Paulo: Revista dos Tribunais, 2005. p. 19.
[61] PINTO, Carlos Alberto Mota. *Teoria geral do direito civil*. 4. ed. Coimbra: Coimbra Editora, 2005. p. 209.

Quando se fala em direitos da personalidade, assim, trata-se do espaço de proteção jurídica à existência humana, incidindo especialmente sobre a vida, a saúde, a integridade física, a honra, a liberdade psicofísica, o nome, a imagem e a intimidade da pessoa.[62] Dentre os bens a serem tutelados pela disciplina encontram-se em posição de destaque a vida e a saúde.

Prevê o artigo 11 do Código Civil a irrenunciabilidade dos direitos da personalidade;[63] e, com base nessa prescrição, o direito personalíssimo não pode sofrer limitações voluntárias pelo próprio titular. Sobre a questão, Mota Pinto compreende serem tais direitos irrenunciáveis por formarem o núcleo mínimo da personalidade.[64] Especialmente aos direitos à vida e à saúde é atribuída a irrenunciabilidade, uma vez que sem eles não haveria gozo das demais garantias à personalidade.[65]

Aludida posição, em que pese endossada por diversos juristas, é criticável. Isso, porque, ao definir que essas garantias são irrenunciáveis, nos termos de João Baptista Villela, o "Código operou uma radical inversão: submeteu a pessoa aos direitos, ao invés de pô-los ao serviço daquela". De acordo com o jurista, o desenvolvimento individual da pessoa requer que sejam superados certos limites impostos pelos seus próprios direitos.[66]

Ana Carolina Brochado Teixeira, em sentido semelhante, compreende que ao estabelecer a irrenunciabilidade dos direitos da personalidade o Código Civil se afastou da Constituição Federal, uma vez que esta garantiu espaço de liberdade e intimidade à pessoa humana – no qual cabe ao indivíduo a decisão acerca do exercício do direito personalíssimo. A irrenunciabilidade de tais garantias representaria um *dever* do titular de exercê-las, mesmo quando estas não se adéquem ao seu projeto individual.[67] Com efeito, esses direitos visam a tutelar a livre promoção da personalidade e a garantir a dignidade da pessoa

---

[62] *Ibidem*, loc.cit.
[63] Nos termos do dispositivo, "Com exceção dos casos previstos em lei, os direitos da personalidade são intransmissíveis e irrenunciáveis, não podendo o seu exercício sofrer limitação voluntária". (BRASIL. Lei nº 10.406, de 10 de janeiro de 2002. *Diário Oficial da União*, Poder Executivo, Brasília, DF, 11 jan. 2001).
[64] PINTO, Carlos Alberto Mota. *Teoria geral do direito civil*. 4. ed. Coimbra: Coimbra Editora, 2005. p. 220.
[65] TEIXEIRA, Ana Carolina Brochado. *Saúde, corpo e autonomia privada*. Rio de Janeiro: Renovar, 2010. p. 220.
[66] VILLELA, João Baptista. O Código Civil Brasileiro e o direito à recusa de tratamento médico. *In*: GOZZO, D.; LIGIERA, W. R. (Org.). *Bioética e direitos fundamentais*. São Paulo: Saraiva, 2012. p. 116-117.
[67] TEIXEIRA, Ana Carolina Brochado, *op. cit.*, p. 220-221.

humana. Tratam-se de poderes garantidos aos titulares, que podem não ser exercidos em virtude de decisão pessoal do indivíduo.

A recusa a procedimento de saúde pode ser compreendida como a mais séria das abdicações a direitos da personalidade, uma vez que possibilita a perda da vida, que é o direito personalíssimo primordial. Consoante explica Szaniawski, o direito à vida é o primeiro e mais relevante atributo da personalidade humana, de modo que "o direito à vida funde-se com a própria personalidade, vinculando-se à mesma, uma vez que sem vida não haverá personalidade".[68]

Embora seja reconhecida a vida enquanto direito primordial e inviolável, "não se pode compreender um direito à vida sem dignidade (...)".[69] Em outras palavras, a vida não é de modo incondicional o primeiro dos direitos personalíssimos.[70] Não basta que a pessoa esteja viva, sendo necessário que a vida seja vivida de modo digno. É nesse sentido que se impõe a tutela de condições materiais da vida, fazendo dessa garantia mais que uma simples abstração. Todos os demais direitos da personalidade derivam do direito à vida e se prestam a conferir dignidade a ela. É o caso, por exemplo, da proteção à saúde da pessoa.

A tutela à saúde não representa simples decorrência da proteção à integridade física. Isso, porque, de um lado, a garantia à saúde também se dirige às questões psíquicas e, de outro, porque protege de modo amplo o desenvolvimento sadio e livre do indivíduo. O direito à saúde, assim, apresenta-se de diversas formas – ora como direito à assistência médica, ora à salubridade do meio ambiente, ora à integridade psicofísica.[71]

Pelo artigo 15, o Código Civil dispõe que "ninguém pode ser constrangido a submeter-se, com risco de vida, a tratamento médico ou a intervenção cirúrgica".[72] Uma análise literal do dispositivo pode levar ao errôneo entendimento de que se não houver risco de morte a pessoa pode ser obrigada a se submeter a tratamento médico. De acordo

---

[68] SZANIAWSKI, Elimar. *Direitos da personalidade e sua tutela*. 2. ed. atual. e ampl. São Paulo: Revista dos Tribunais, 2005. p. 146.
[69] *Ibidem*, p. 147.
[70] VILLELA, João Baptista. O Código Civil Brasileiro e o direito à recusa de tratamento médico. *In*: GOZZO, D.; LIGIERA, W. R. (Org.). *Bioética e direitos fundamentais*. São Paulo: Saraiva, 2012. p. 119.
[71] PERLINGIERI, Pietro. *O direito civil na legalidade constitucional*. Trad. Maria Cristina de Cicco. Rio de Janeiro: Renovar, 2008, p. 775.
[72] BRASIL. Lei nº 10.406, de 10 de janeiro de 2002. *Diário Oficial da União*, Poder Executivo, Brasília, DF, 11 jan. 2001.

com essa interpretação, somente havendo risco de morte o paciente poderia decidir pela submissão a determinado procedimento médico.[73]

Em verdade, esse artigo relaciona o direito à saúde com o direito à autonomia do paciente e, numa compreensão ampliada, preconiza que a escolha quanto ao procedimento médico seja garantida a todos aqueles que, tendo recebido as informações, apresentem aptidão para decidir pela submissão ou não à terapia.

O elemento principal das decisões individuais acerca de recusa a tratamento médico reside na proteção à autonomia privada do enfermo, sendo que a vontade do paciente deve ser respeitada nas mais diversas situações. A escolha de limitação a tratamento médico integra os direitos da personalidade e visa, desse modo, ao livre desenvolvimento individual.

O posicionamento tradicional acerca do tema, no entanto, tende a ser contrário à limitação a tratamento médico, conferindo preferência ao direito à vida em face dos demais direitos da personalidade. Essa compreensão se fulcra no entendimento da vida como direito absoluto. A despeito disso, há muito se compreende que não há, em nosso ordenamento jurídico, direito que não possa em nenhum caso ser relativizado.[74]

Ao se analisar a situação dos pacientes terminais, a questão da recusa a tratamento médico ganha outros contornos. O fundamento para a decisão que limita ou afasta determinada terapia, nesses casos, reside na própria dignidade humana, da qual decorre o direito de morrer em condições dignas. De acordo com Barroso e Martel, nas situações de terminalidade a limitação consentida de tratamento é medida que tutela o direito à morte digna, uma vez que permite escolha quanto à extensão e à intensidade dos procedimentos a serem aplicados e viabiliza a recusa do prolongamento excessivo da vida.[75]

Com efeito, não há em nosso ordenamento jurídico "um dever de manter a vida a qualquer preço". Embasa-se nesse entendimento o reconhecimento de que os enfermos terminais têm o direito de interromper ou de não aceitar determinado procedimento em vistas a morrer

---

[73] TEIXEIRA, Ana Carolina Brochado. *Saúde, corpo e autonomia privada*. Rio de Janeiro: Renovar, 2010. p. 299.

[74] TEIXEIRA, Ana Carolina Brochado. *Saúde, corpo e autonomia privada*. Rio de Janeiro: Renovar, 2010. p. 301.

[75] BARROSO, Luís Roberto; MARTEL, Letícia de Campos Velho. A morte como ela é: dignidade e autonomia individual no final da vida. *In:* GOZZO, D.; LIGIERA, W. R. (Org.). *Bioética e direitos fundamentais*. São Paulo: Saraiva, 2012. p. 57.

de acordo com os próprios valores.[76] O próximo ponto deste capítulo será destinado a tratar especificamente sobre essa questão, mas, desde já, releva mencionar que o direito à morte digna emerge como direito da personalidade.

Não restam dúvidas de que os direitos personalíssimos não estão previstos em número restrito pelo Código Civil, abarcando, em verdade, todas as situações em que possa haver mácula à dignidade. Assim, inobstante não se encontre expressamente previsto no rol estabelecido pela legislação civil, o direito à morte digna deve ser reconhecido e garantido como direito da personalidade, tendo em vista que protege o valor da pessoa humana.[77]

A postura adotada neste trabalho é no sentido de ser a saúde uma construção pessoal, decorrente das experiências individuais e do projeto de vida de cada indivíduo.[78] Mais que isso, e consoante será sustentado no tópico seguinte, a noção de morte digna também é inerente à individualidade da pessoa, diante do que as decisões de renúncia a tratamento por pacientes terminais merecem respaldo.

## 2.2 Recusa a tratamento médico e dignidade do paciente terminal: o direito a versões plurais de morte digna

A Constituição Federal, ao erigir a dignidade da pessoa humana e a pluralidade como valores centrais do ordenamento jurídico, garante que os mais diversos projetos de vida sejam escolhidos e tutelados. É aberta a possibilidade, assim, de todos os indivíduos viverem de acordo com sua própria identidade, buscando o livre desenvolvimento da personalidade. Nesse sentido, não há espaço para compreensões universais acerca de temas que tocam a individualidade do sujeito.[79]

---

[76] CORRÊA, Adriana Espíndola. *Consentimento livre e esclarecido*: o corpo objeto de relações jurídicas. Florianópolis: Conceito Editorial, 2010. p. 111.
[77] Rita de Cássia Curvo Leite, a partir do entendimento de que os direitos personalíssimos não foram definidos *númerus clausus* pela legislação civil, indica direitos de personalidade que podem ser apreendidos do sistema jurídico pátrio e aponta o direito à morte digna como decorrência do preceito constitucional de dignidade da pessoa humana (LEITE, Rita de Cássia Curvo. Os direitos da personalidade. *In*: SANTOS, Maria Celeste Cordeiro Leite (Org.). *Biodireito*: ciência da vida, os novos desafios. São Paulo: Revista dos Tribunais, 2001. p. 163-164).
[78] TEIXEIRA, Ana Carolina Brochado. *Saúde, corpo e autonomia privada*. Rio de Janeiro: Renovar, 2010. p. 302.
[79] *Ibidem*, p. 1-2.

A visão adotada neste trabalho é de que a recusa a tratamento médico por pacientes terminais decorre de serem a saúde e a morte digna construções pessoais, que têm por base os valores e projetos assumidos pelo indivíduo. Nessa perspectiva, o corpo é espaço de escolhas individuais autônomas.

A dignidade humana é frequentemente utilizada como fundamento tanto para defender quanto para rejeitar a recusa a tratamento médico. Consoante esclarece Barroso e Martel, "(...) a abstração, polissemia e natureza especular da dignidade permitem que ela seja invocada pelos dois lados do debate. Tal fato conduz a argumentos circulares, tornando difícil seu emprego nesse cenário".[80] Impõe-se, com isso, dar concretude e substância a esse preceito no que se refere às decisões individuais acerca do próprio corpo, evitando que tenha seu sentido esvaziado.

### 2.2.1 Aspectos essenciais da noção de dignidade humana

A centralidade do homem na ciência jurídica pode ser em parte atribuída à visão antropocêntrica típica da modernidade.[81] Neste momento, a fundamentação do Direito passou a se centrar no indivíduo e na sua dignidade – esta abstratamente considerada.[82]

Em razão das Revoluções Americana e Francesa, das Constituições decorrentes desses movimentos e das consequentes declarações de

---

[80] BARROSO, Luís Roberto; MARTEL, Letícia de Campos Velho. A morte como ela é: dignidade e autonomia individual no final da vida. *In:* GOZZO, D.; LIGIERA, W. R. (Org.). *Bioética e direitos fundamentais*. São Paulo: Saraiva, 2012. p. 35.

[81] Com a modernidade, sobreveio o paradigma do sujeito, e nele o foco das indagações não mais se encontrava no ser ou na figura divina, mas na razão (ou consciência). É o que explica Celso Ludwig no seguinte trecho: "A indicar a mudança paradigmática e a determinação específica da condição moderna, a direção do movimento, nos pensadores centrais, é, por assim dizer, a mesma: não mais em direção ao ser, mas em direção à consciência". (LUDWIG, Celso. *Para uma filosofia jurídica da libertação*: paradigmas da filosofia, filosofia da libertação e direito alternativo. Florianópolis: Conceito Editorial, 2006. p. 53).

[82] Nesse sentido, merecem destaque as palavras de Fábio Konder Comparato: "Uma das tendências marcantes do pensamento moderno é a convicção generalizada de que o verdadeiro fundamento de validade do direito em geral e dos direitos humanos em particular – já não deve ser procurado na esfera sobrenatural da revelação religiosa, nem tampouco numa abstração metafísica – a natureza – como essência imutável de todos os entes no mundo. Se o direito é uma criação humana, o seu valor deriva, justamente, daquele que o criou. O que significa que esse fundamento não é outro, senão o próprio homem, considerado em sua dignidade substancial de pessoa, diante da qual as especificações individuais e grupais são sempre secundárias". (COMPARATO, Fábio Konder. Fundamento dos Direitos Humanos. *Revista Jurídica Consulex*, São Paulo, ano IV, v. I, n. 48, p. 52-61, 2001, p. 11. Disponível em: http://www.dhnet.org.br/direitos/anthist/a_pdf /comparato_fundamentos_dh.pdf. Acesso em: 20 nov. 2020).

direitos – Declaração de Direitos da Virgínia e Declaração dos Direitos do Homem e do Cidadão – o sujeito passou a gozar formalmente de dignidade jurídica,[83] assumindo espaço de destaque nos sistemas jurídicos. Cumpre mencionar que foi com o desenvolvimento do jusnaturalismo, ao longo dos séculos XVII e XVIII, que a noção de dignidade passou a ser relevante.

Immanuel Kant, um dos principais filósofos dessa perspectiva, teorizou acerca da moral e defendeu que a estrutura da dignidade se assenta no reconhecimento do indivíduo como fim. Pela teoria kantiana, entende-se que as coisas apresentam valor de mercado e são dotadas da característica de fungibilidade – uma vez que admitem substituição por equivalente –, enquanto que a dignidade revela valor moral, inerente apenas aos indivíduos.[84] Tem-se que as teorizações de Kant foram – e ainda são – utilizadas como fundamento dos direitos humanos.

É de se ressaltar a tendência individualista e abstrata característica da tutela conferida às pessoas ao longo dos séculos XVII e XVIII pelas declarações de direitos humanos que, fundadas em um período no qual vigia a ideologia liberal, exigiam do Estado a adoção de uma postura de abstenção. Essa concepção favorecia os propósitos da época, uma vez que o reconhecimento do autogoverno era um modo de engrandecer o desenvolvimento do liberalismo.[85] Fundamentados na natureza humana, os direitos humanos, na modernidade, eram concebidos como universais, intangíveis, indisponíveis e inatos.

Em que pese seja um distintivo da modernidade a racionalidade centrada nos indivíduos, a proteção em prol destes tendia a ser abstrata, sendo usualmente preterida ante as criações humanas. Nessa esteira, David Sanchez Rubio afirma que havia, neste período, a abdicação do humano real, necessitado, concreto e corporal em face das instituições humanas – Estado, mercado, Igreja, direito, ciência, religião.[86]

A tentativa de proteção da vida humana decorrente das Declarações de Direitos dos séculos XVII e XVIII não se mostrou suficiente para evitar as barbáries perpetradas ao longo do século XX tanto nas

---

[83] FACHIN, Luiz Edson. *Teoria crítica do direito civil*. 3. ed. Rio de Janeiro: Renovar, 2012. p. 17.
[84] MÖLLER, Letícia Ludwig. *Direito à morte com dignidade e autonomia*: o direito à morte de pacientes terminais e os princípios da dignidade e autonomia da vontade. 1. ed. (ano 2007), 1. reimp. Curitiba: Juruá, 2009. p. 77.
[85] SÁ, Maria de Fátima Freire de; MOUREIRA, Diogo Luna. *Autonomia para morrer*: eutanásia, suicídio assistido e diretivas antecipadas de vontade. Belo Horizonte: Del Rey, 2012. p. 23.
[86] RUBIO, David Sánchez. *Encantos e desencantos dos direitos humanos*: de emancipações, libertações e dominações. Trad. Ivone Fernandes Morcilho Lixa e Helena Henkin. Porto Alegre: Livraria do Advogado Editora, 2014. p. 63.

duas Guerras Mundiais quanto nos regimes totalitários europeus. A natureza humana não poderia mais ser considerada como fundamento do direito à vida e à dignidade, pois o simples fato de ser homem não conferia proteção efetiva.

Referidos eventos históricos, consoante explicado por Maria Celina Bodin de Moraes, em virtude da tragédia que instalaram, demonstraram a necessidade de efetivação dos direitos humanos, para que se evitassem novos atentados à humanidade.[87] Houve, então, o resgate da categoria dos direitos humanos, com a exigência de atuação dos Estados a fim de garantir a dignidade dos cidadãos. O intuito de revalorização da pessoa e da sua dignidade é formalizado por diversos ordenamentos jurídicos.[88]

Sob essa perspectiva, no ano de 1948 a dignidade humana foi definida pela Declaração Universal dos Direitos Humanos como valor a ser garantido.[89] Em sentido semelhante, a Convenção Americana de Direitos Humanos (ou Pacto de San José da Costa Rica), datada de 1969, definiu expressamente em seu artigo 11 que "toda pessoa tem direito ao respeito da sua honra e ao reconhecimento de sua dignidade".[90]

A proteção à dignidade instaurada pelos tratados internacionais aludidos foi internalizada pelo ordenamento jurídico brasileiro por intermédio da Constituição Federal de 1988, que instituiu referida garantia como fundamento da República, nos termos de seu artigo 1º.[91]

---

[87] MORAES, Maria Celina Bodin de. *Danos à pessoa humana*: uma leitura civil-constitucional dos danos morais. Rio de Janeiro: Renovar, 2003. p. 67.

[88] MÖLLER, Letícia Ludwig. *Direito à morte com dignidade e autonomia*: o direito à morte de pacientes terminais e os princípios da dignidade e autonomia da vontade. 1. ed. (ano 2007), 1. reimp. Curitiba: Juruá, 2009. p. 124.

[89] É definido no art. 1º da Declaração Universal dos Direitos do Homem que "todos os seres humanos nascem livres e iguais em dignidade e em direitos. Dotados de razão e de consciência, devem agir uns para com os outros em espírito de fraternidade". (ORGANIZAÇÃO DAS NAÇÕES UNIDAS. Resolução 217 A (III), de 10 de dezembro de 1948. Paris, 1948. Disponível em: http://www.dudh.org.br/wp-content/uploads/2014/12/dudh.pdf. Acesso em: 22 nov. 2020).

[90] BRASIL. Decreto nº 678, de 6 de novembro de 1992. Promulga a Convenção Americana sobre Direitos Humanos (Pacto de São José da Costa Rica) de 22 de novembro de 1969. *Diário Oficial da União*, Poder Executivo, Brasília, DF, 9 nov. 1992.

[91] "A República Federativa do Brasil, formada pela união indissolúvel dos Estados e Municípios e do Distrito Federal, constitui-se em Estado Democrático de Direito e tem como fundamentos: I – a soberania; II – a cidadania; III – a dignidade da pessoa humana; IV – os valores sociais do trabalho e da livre iniciativa; V – o pluralismo político. Parágrafo único. Todo o poder emana do povo, que o exerce por meio de representantes eleitos ou diretamente, nos termos desta Constituição". (BRASIL. Constituição [1988]. Constituição da República Federativa do Brasil. *Diário Oficial da União*, Brasília, DF, 5 out. 1988).

Compreende-se que no núcleo do conceito de dignidade está a necessária proteção aos indivíduos, os quais, pela própria condição de humanos, merecem respeito ao que lhes é mais íntimo e essencial. Destaca-se, com isso, que a Constituição Federal de 1988, ao reportar a dignidade da pessoa humana como fundamento da República, define a centralidade do indivíduo no ordenamento jurídico pátrio. Nessa toada, destaca-se a cátedra de Luiz Edson Fachin, *in verbis*:

> A Constituição Federal de 1988 erigiu como fundamento da República a dignidade da pessoa humana. Tal opção colocou a pessoa como centro das preocupações do ordenamento jurídico, de modo que todo o sistema, que tem na Constituição sua orientação e seu fundamento, se direciona para a sua proteção. As normas constitucionais (compostas de princípios e regras), centradas nessa perspectiva, conferem unidade sistemática a todo o ordenamento jurídico. Operou-se, pois, em relação ao Direito dogmático tradicional, uma inversão do alvo de preocupações, fazendo com que o Direito tenha como fim último a dignidade da pessoa humana como instrumento para o seu pleno desenvolvimento.[92]

Tem-se, no entanto, que o surgimento das diversas declarações e dos tratados internacionais de proteção dos direitos humanos, com a internalização de seus conteúdos nos ordenamentos jurídicos, também não foi suficiente para afastar violações à dignidade humana, as quais continuaram a ser perpetradas pelos Estados.[93] É o que explica Letícia L. Möller no seguinte trecho: "(...) apesar da proliferação de declarações e tratados internacionais e regionais e de legislações nacionais de proteção aos direitos humanos (...), constata-se a sua transformação em ideal utópico e a sua sistemática violação por parte dos governos e grupos sociais".[94]

---

[92] FACHIN, Luiz Edson. *Questões do direito civil brasileiro contemporâneo*. Rio de Janeiro: Renovar, 2008. p. 06.

[93] José de Oliveira Ascensão fala sobre o resultado decorrente dos dois séculos de expansão dos direitos humanos: "(...) nem todos os resultados foram tranquilizadores. Paralelamente, vimos cometerem-se as aberrações mais clamorosas, atingindo justamente o homem carregado de direitos. (...) Tivemos sempre, nestes mais de dois séculos dos direitos do homem, as mais chocantes violações desse homem com os seus direitos invioláveis". (ASCENSÃO, José de Oliveira. A dignidade da pessoa e o fundamento dos direitos humanos. *In*: RIBEIRO, Gustavo Pereira Leite; TEIXEIRA, Ana Carolina Brochado. *Bioética e direitos da pessoa humana*. Belo Horizonte: Del Rey, 2011. p. 02).

[94] MÖLLER, Letícia Ludwig. *Direito à morte com dignidade e autonomia*: o direito à morte de pacientes terminais e os princípios da dignidade e autonomia da vontade. 1. ed. (ano 2007), 1. reimp. Curitiba: Juruá, 2009. p. 126.

A ideia de dignidade é caracterizada por sua pluralidade de significados, o que se constata pelo fato de que cada indivíduo compreende de forma pessoal o sentido de existência digna.[95] O polimorfismo do conceito, no entanto, revela-se muitas vezes como razão para seu descumprimento. Faz-se necessário, em razão disso, atribuir sentidos mínimos a essa noção, para evitar o seu esvaziamento.

Há certo consenso em se considerar a dignidade como fundamento e justificação dos direitos fundamentais. Do escopo de preservar e promover tais direitos emergem duas dimensões de dignidade: uma individual e outra social. De acordo com Barroso e Martel,

> (...) a dimensão individual está ligada ao sujeito de direito, seus comportamentos e suas escolhas. A dimensão social envolve a atuação do Estado e de suas instituições na concretização do direito de cada um e, em certos casos, de intervenção para que comportamentos individuais não interfiram com direitos próprios, de outros ou de todos.[96]

Tais dimensões conduzem ao entendimento de dignidade como autonomia e como heteronomia, respectivamente.[97] De um lado, a categoria da dignidade da pessoa humana garante que os indivíduos possam decidir aquilo que lhes diz respeito, sem interferências externas.

Esse entendimento é decorrência daquele que traduz a dignidade como autonomia, envolvendo quatro aspectos essenciais: "a) a capacidade de autodeterminação; b) as condições para o exercício da autodeterminação; c) a universalidade; e d) a inerência da dignidade ao ser humano".[98] Quanto à capacidade de autodeterminação, trata-se da possibilidade de realizar escolhas morais relevantes, com a assunção da responsabilidade pelas decisões tomadas. Acerca das condições para o exercício da autodeterminação, faz-se necessário garantir que a liberdade seja dotada de realidade. A universalidade e a inerência, por

---

[95] De acordo com Luís Roberto Barroso, a grande vagueza do conceito de dignidade da pessoa humana "tem feito com que ela funcione, em extensa medida, como um espelho: cada um projeta nela a sua própria imagem, os seus valores e convicções". (BARROSO, Luís Roberto. *Curso de direito constitucional contemporâneo*: os conceitos fundamentais e a construção do novo modelo. 4. ed. São Paulo: Saraiva, 2013. p. 273).

[96] BARROSO, Luís Roberto; MARTEL, Letícia de Campos Velho. A morte como ela é: dignidade e autonomia individual no final da vida. *In*: GOZZO, D.; LIGIERA, W. R. (Org.). *Bioética e direitos fundamentais*. São Paulo: Saraiva, 2012. p. 37-38.

[97] BARROSO, Luís Roberto; MARTEL, Letícia de Campos Velho. A morte como ela é: dignidade e autonomia individual no final da vida. *In*: GOZZO, D.; LIGIERA, W. R. (Org.). *Bioética e direitos fundamentais*. São Paulo: Saraiva, 2012. p. 37-38.

[98] *Ibidem*, p. 39.

sua vez, referem-se ao imperioso reconhecimento de que a dignidade deve ser respeitada por todos e ser conferida a todos.[99]

Necessário também mencionar o entendimento de dignidade como heteronomia, o qual, de outro lado, "traduz uma visão da dignidade ligada a valores compartilhados pela comunidade, antes que a escolhas individuais".[100] Trata-se de uma limitação à autonomia pessoal em função de valores e concepções compartilhados socialmente. Com efeito, a autonomia privada não é ilimitada e deve ceder quando estão em jogo questões de cunho comunitário.[101]

A dignidade como heteronomia visa a promover a *proteção dos direitos de terceiros*, uma vez que a autonomia individual deve ser exercida em respeito à autonomia dos demais; *a proteção do indivíduo contra si próprio*, em face de atos que podem gerar lesões à própria pessoa e *a proteção de valores sociais*, que representam a moral social compartilhada.[102] Em tais situações, a noção de dignidade perde seu caráter individual e assume o viés comunitário. Os entendimentos de dignidade como autonomia e como heteronomia não são excludentes e operam com maior ou menor incidência de acordo com a questão em análise.

Postas as noções de dignidade como autonomia e como heteronomia, faz-se necessário localizar entre essas abordagens a temática da recusa a tratamento por enfermos em situação de terminalidade. Para Barroso e Martel, no que atine à questão da morte de pacientes terminais, "a ideia de dignidade como autonomia deve prevalecer (...)".[103] Adotando-se essa perspectiva, são legitimadas diferentes versões de morte dos pacientes terminais.

---

[99] *Ibidem, loc. cit.*
[100] *Ibidem*, p. 42-43.
[101] BARROSO, Luís Roberto. *Curso de direito constitucional contemporâneo*: os conceitos fundamentais e a construção do novo modelo. 4. ed. São Paulo: Saraiva, 2013. p. 276.
[102] *Ibidem*, p. 276-277.
[103] BARROSO, Luís Roberto; MARTEL, Letícia de Campos Velho. A morte como ela é: dignidade e autonomia individual no final da vida. In: GOZZO, D.; LIGIERA, W. R. (Org.). *Bioética e direitos fundamentais*. São Paulo: Saraiva, 2012. p. 54. Importante esclarecer que, a despeito da visão dos autores – corroborada neste trabalho –, diversas são as decisões judiciais que utilizam a noção de dignidade como heteronomia para justificar o indeferimento da recusa a tratamento médico por pacientes. No famoso caso de Nancy Cruzan, o Supremo Tribunal dos Estados Unidos, ratificando a decisão do Tribunal de Missouri, entendeu que o Estado "tinha razões legítimas para manter Nancy Cruzan com vida, mesmo que com base no pressuposto de que o fato de continuar viva era contrário a seus próprios interesses, uma vez que o estado tinha o direito de afirmar que é intrinsecamente mau que alguém morra deliberada e prematuramente". (DWORKIN, Ronald. *Domínio da vida*: aborto, eutanásia e liberdade individuais. Trad. Jefferson Luiz Camargo. 2. ed. São Paulo: WMF Martins Fontes, 2009. p. 14).

## 2.2.2 Dignidade e pluralismo: o direito à morte digna como construção pessoal

Durante muito tempo, a vida foi compreendida como um direito absoluto, entendimento esse decorrente principalmente da concepção universal de direitos humanos e do discurso da biopolítica,[104] segundo o qual as decisões de vida e de morte estariam sob o controle estatal. Em virtude dessa visão, ainda atualmente vige a compreensão de que as pessoas não podem definir as condições em que pretendem morrer. A forma imposta para lidar com a morte, em nosso país e na maioria das sociedades ocidentais, considerando a superioridade – senão sacralidade – pela qual é considerado o direito à vida, refere-se comumente à luta obstinada contra a morte encabeçada pelos profissionais da saúde.

Certo é, no entanto, que em um Estado Democrático que define a dignidade e a pluralidade como valores centrais,[105] a estipulação acerca do sentido de morte digna cabe aos indivíduos e deve ser respeitada pelos profissionais de saúde, pelos seus familiares, pelo Estado e pela sociedade em geral.

Com efeito, "o reconhecimento de uma pluralidade existencial abre espaço para as mais variadas formas de manifestação de vida, além da pluralidade de valores que são eleitos pelas pessoas na conceituação daquilo que designam 'boa vida'".[106] A autonomia, tutelada

---

[104] Agamben é um dos principais pensadores que trata sobre a questão da biopolítica, fazendo uso de dois termos gregos distintos utilizados para exprimir aquilo que se entende por vida – *zôê* e *bios*. A primeira forma designaria a vida comum de todos os seres vivos – animais, homens ou deuses –, tratando-se da vida natural, enquanto a segunda forma diria respeito à forma de viver própria dos grupos ou indivíduos. Por ser a vida natural e livre, afastada da política e da lei, *zôê* é apontada pelo autor como *vida nua*. Na concepção de Agamben, um ponto decisivo da modernidade, que "marca uma transformação radical das categorias político-filosóficas do pensamento clássico", foi a politização da vida nua. Em razão da modernidade, *bios* e *zôê* se aproximam, sendo que a vida nua dos cidadãos passa a ser ponto central do Estado moderno, e o controle desta se torna seu fundamento. Nesse sentido, tem-se que a biopolítica representa um poder normalizador, que tem como objeto a vida do homem, dirigindo-se às questões ligadas à natalidade, à mortalidade, à fecundidade, à longevidade, à saúde pública. Com a inclusão da vida nua dentro do âmbito de controle estatal, a saúde e a morte do homem se configuram como questão política. (AGAMBEN, Giorgio. *O poder soberano e a vida nua*: 'homo hacer'. Trad. Antônio Guerreiro. Lisboa: Editorial Presença, 1998. p. 11-15).

[105] Nos termos do artigo 1º da Carta Constitucional, "a República Federativa do Brasil, formada pela união indissolúvel dos Estados e Municípios e do Distrito Federal, constitui-se em Estado Democrático de Direito e tem como fundamentos: (...) III – a dignidade da pessoa humana; (...) V – o pluralismo político". (BRASIL. Constituição [1988]. Constituição da República Federativa do Brasil. *Diário Oficial da União*, Brasília, DF, 5 out. 1988).

[106] SÁ, Maria de Fátima Freire de; MOUREIRA, Diogo Luna. *Autonomia para morrer*: eutanásia, suicídio assistido e diretivas antecipadas de vontade. Belo Horizonte: Del Rey, 2012. p. 33.

aos indivíduos para construção de sua individualidade, é estendida também à morte, que integra o projeto de pessoalidade de cada um.[107]

Parte-se do entendimento de que inexiste uma visão única acerca do bem individual,[108] ausência essa que toca às questões acerca do fim da vida. Não há dúvidas de que os indivíduos são diferentes entre si, sendo que a uniformidade é inclusive contraditória em relação à natureza humana, que tende à criatividade. As desigualdades entre os indivíduos, assim, irão prevalecer.[109] Gisele Cittadino, nesse sentido, destaca que "a identidade não é a marca da sociedade democrática contemporânea. Ao invés da homogeneidade e da similitude, a diferença e o desacordo são os seus traços fundamentais".[110]

De acordo com Maria de Fátima Freire de Sá e Diego Luna Moureira, na contemporaneidade os indivíduos têm liberdade para a construção da própria pessoalidade, edificada pelas escolhas feitas em vida. A pessoalidade é decorrência, portanto, da autodeterminação e da autoafirmação das decisões individuais dentro de um espaço de comunicação.[111] Para a construção da individualidade devem ser tuteladas escolhas distintas dos indivíduos. E, diante disso, respostas uniformes para o momento final da vida dos pacientes terminais tendem a violar o direito dos indivíduos à diferença de tratamento.

A definição acerca da dignidade da morte é muito peculiar a cada indivíduo, devendo ser respeitadas as mais diversas visões de morte digna. Consoante afirma Letícia Ludwig Möller, "essa ideia de entrelaçamento da noção de dignidade com a noção de autonomia, na definição de morte ideal, parece adequada por respeitar o pluralismo moral e a diversidade de concepções acerca da vida, da doença e da morte".[112]

Em virtude da pluralidade de projetos pessoais, são diversas as vontades individuais no tocante ao fim da vida. Garantir a morte digna requer que os desejos dos enfermos sejam considerados, uma vez que

---

[107] *Ibidem*, p. 162.
[108] Conforme afirmam Rui Nunes e Helena Pereira Melo, "ao ser humano (...) é garantida uma grande variedade de opções, uma grande maleabilidade opinativa, dependendo não só do ambiente cultural, mas, também, de influências psicológicas individuais". (NUNES, Rui; MELO, Helena Pereira de. *Testamento vital*. Coimbra: Almedina, 2011. p. 17).
[109] NUNES, Rui; MELO, Helena Pereira de. *Testamento vital*. Coimbra: Almedina, 2011. p. 33.
[110] CITTADINO, Gisele. *Pluralismo, direito e justiça distributiva*: elementos da filosofia constitucional contemporânea. 3. ed. Rio de Janeiro: Lumen Juris, 2004. p. 77.
[111] SÁ, Maria de Fátima Freire de; MOUREIRA, Diogo Luna, *op. cit.*, p. 29.
[112] MÖLLER, Letícia Ludwig. *Direito à morte com dignidade e autonomia*: o direito à morte de pacientes terminais e os princípios da dignidade e autonomia da vontade. 1. ed. (ano 2007), 1. reimp. Curitiba: Juruá, 2009. p. 152.

seu resgate "favorece uma significação desta vida, mesmo nos seus momentos finais".[113] Morte digna traduz-se, então, na permissão de morrer de acordo com o próprio caráter, personalidade e estilo, levando em consideração as vontades de cada um.[114]

Nessa linha de ideias, o entendimento acerca da dignidade no momento final da vida deve também ser pautado pela pluralidade moral existente na sociedade, de modo que sejam respeitadas as mais diversas noções acerca das condições dignas de morrer. Dessa forma, no caso dos enfermos em situação de terminalidade, devem ser igualmente considerados e respeitados tanto o entendimento de que é honroso e digno lutar pela vida até o fim, fazendo uso de terapias extraordinárias possibilitadas pela biotecnologia, quanto o de que é mais digno não prolongar o processo de morrer, aceitando a morte iminente.[115]

Não há dúvidas de que a adoção de um posicionamento que respeite as mais diversas conformações morais acerca do fim da vida é uma meta complexa para os profissionais da saúde. É no cenário de pluralismo moral que se mostra ainda mais relevante o diálogo entre paciente e profissionais da saúde, de modo que juntos definam a forma de tratamento mais adequada e digna. Emerge, então, o consentimento livre e informado como um dos instrumentos de garantia ao direito à morte com dignidade e autonomia.

## 2.3 Autonomia sobre o corpo e consentimento livre e esclarecido

Com a promulgação da Constituição Federal de 1988 e a consequente inserção do princípio da dignidade da pessoa humana no ordenamento, o indivíduo se tornou elemento de centralidade no sistema jurídico, e a autonomia se configura como requisito para uma existência digna.[116] Para que a dignidade seja garantida no momento

---

[113] KOVÁCS, Maria Júlia. Autonomia e o direito de morrer com dignidade. *Revista Bioética*. Brasília, DF, v. 6, n.1, 1998, p. 61-69.
[114] KÜBLER-ROSS apud PESSINI, Leocir. *Morrer com dignidade*: como ajudar o paciente terminal. 2. ed, atual. e ampl. Aparecida, SP: Editora Santuário, 1990. p. 31-32.
[115] MÖLLER, Letícia Ludwig. *Direito à morte com dignidade e autonomia*: o direito à morte de pacientes terminais e os princípios da dignidade e autonomia da vontade. 1. ed. (ano 2007), 1. reimp. Curitiba: Juruá, 2009. p. 99.
[116] Afirmam Rui Nunes e Helena Pereira de Melo que "a principal emanação do conceito de dignidade humana é o princípio lapidar do respeito pelo outro, designadamente na sua autonomia individual". (NUNES, Rui; MELO, Helena Pereira de. *Testamento vital*. Coimbra: Almedina, 2011. p. 42).

final da vida dos pacientes terminais, a autonomia deve ser a eles tutelada, permitindo-lhes a definição individual de morte digna.

Pretende-se, nesta seção, apresentar os contornos contemporâneos da autonomia privada e compreender sua relação com as decisões de recusa a tratamento médico por enfermos em situação de terminalidade. Na sequência, será analisado o consentimento livre e esclarecido – categoria que permite aos indivíduos considerados capazes a renúncia a tratamento médico.

### 2.3.1 Contornos civis-constitucionais da autonomia privada

A noção de autonomia, por muito tempo atrelada ao campo filosófico, foi inserida no plano jurídico em virtude do liberalismo e dos valores ínsitos à modernidade. Com efeito, as chamadas Constituições modernas tinham por objetivo principal a garantia da liberdade e da propriedade – estando ambas vinculadas.[117] As codificações liberais, de modo inclusive mais contundente que as Constituições,[118] tutelavam os interesses patrimoniais da burguesia.

Os negócios jurídicos, instrumentos voltados exclusivamente à disposição e à aquisição de patrimônio, de acordo com a doutrina do voluntarismo jurídico, seriam formados pelo aspecto volitivo. A vontade representava, nesse esquema, a liberdade dos sujeitos, e é a partir disso que decorre a noção de autonomia da vontade.[119]

---

[117] Explica Diogo Carvalho Machado que a "(...) 'máxima liberdade' de atuação ditada pela vontade dos indivíduos no âmbito privado correspondia ao livre exercício do direito de propriedade; em outras palavras, a autonomia da vontade se realizava no autogoverno do sujeito de direito, exprimindo voluntaristicamente, no exercício de seu direito subjetivo de propriedade, notadamente mediante o contrato, para cumprir o imperativo do mercado da livre circulação de riquezas". (MACHADO, Diego Carvalho. *Capacidade de agir e pessoa humana*: situações subjetivas existenciais sob a ótica civil-constitucional. Curitiba: Juruá, 2013. p. 118).

[118] No período liberal cabia ao Código Civil a garantia da autonomia, uma vez que este "fazia as vezes de Constituição, estabelecendo as 'regras do jogo' e propiciando, através delas, plena liberdade àquele que representava o valor fundamental da época liberal: o indivíduo livre e igual, submetido apenas à sua própria vontade". (MORAES, Maria Celina Bodin de. *Danos à pessoa humana*: uma leitura civil-constitucional dos danos morais. Rio de Janeiro: Renovar, 2003. p. 102-103).

[119] Carlos Eduardo Pianovski afirma, quanto à autonomia da vontade no contexto francês do século XIX, que "no momento histórico e no universo jurídico a que se está a fazer referência, a liberdade dos indivíduos no Direito Civil tem como expressão fundamental a autonomia da vontade. Embora essa denominação (autonomia da vontade) não seja, como exposto, empregada pela doutrina francesa do início do século XIX nem pelo *Code*, pode-se afirmar que ambos estão imantados pelo dogma da vontade individual, como

A autonomia da vontade tinha como marca a subjetividade, uma vez que a pretensão individual era analisada em nível psicológico. Em virtude da constatação de que poderia não ser coincidente a vontade interna com a sua manifestação externa, e de que haveria situações nas quais não seria possível a proteção da vontade do agente, o voluntarismo jurídico passou a ser afastado.[120] Com a complexificação da sociedade, a autonomia da vontade não se mostrava adequada para explicar as relações jurídicas.

O entendimento sucessor, contextualizado na passagem do Estado liberal para o Estado social, inseriu a noção de autonomia privada, que, dotada de caráter objetivo, "seria substrato para a criação, modificação ou extinção de situações jurídicas subjetivas, sempre na moldura formada pelo ordenamento jurídico".[121] Trata-se do poder de auto-regulamentação dos interesses pelos indivíduos em consonância com o sistema jurídico.[122]

Em que pese ultrapassada a noção de autonomia da vontade, não foi automaticamente superada a vinculação entre autonomia privada e patrimonialidade dos negócios jurídicos.[123]

No Brasil, com a promulgação da Constituição Federal de 1988, o fundamento do Direito deixou de ser a vontade individual destinada a formar o suporte fático de relações jurídicas patrimoniais, dando lugar à pessoa humana e à sua dignidade.[124] Diante disso, sobreveio a compreensão de que a autonomia, além de sustentar situações

---

sentido atribuído à liberdade humana no âmbito do direito das obrigações – ou seja, da dimensão dinâmica da propriedade, como trânsito jurídico". (RUZYK, Carlos Eduardo Pianovski. *Liberdade(s) e função*: contribuição crítica para uma nova fundamentação da dimensão funcional do Direito Civil brasileiro. 2009, 395 f. Tese (Doutorado em Direito das Relações Sociais) – Faculdade de Direito, Universidade Federal do Paraná, Curitiba, 2009. Disponível em: http://dspace.c3sl.ufpr.br/dspace/bitstream/handle/1884/19174/Carlos_Eduardo_Tese_completa%5B1%5D.pdf?sequence=1. Acesso em: 15 set. 2020).

[120] MEIRELES, Rose Melo Vencelau. *Autonomia privada e dignidade humana*. Rio de Janeiro: Renovar, 2009. p. 66-67.

[121] MEIRELES, Rose Melo Vencelau, *op. cit.*, p. 68.

[122] De acordo com Pietro Perlingieri, a autonomia privada pode ser entendida como "o poder, reconhecido ou concedido pelo ordenamento estatal a um indivíduo ou a um grupo, de determinar vicissitudes jurídicas como consequência de comportamentos – em qualquer medida – livremente assumidos". (PERLINGIERI, Pietro. *Perfis do direito civil*: introdução ao direito civil constitucional. Trad. Maria Cristina de Cicco. 3. ed., Rio de Janeiro, 2007. p. 17).

[123] Aponta Diego Carvalho Machado que "a autonomia privada reproduziu o vínculo existente entre a autonomia da vontade e os valores patrimoniais (...)". (MACHADO, Diego Carvalho. *Capacidade de agir e pessoa humana*: situações subjetivas existenciais sob a ótica civil-constitucional. Curitiba: Juruá, 2013. p. 120).

[124] MORAES, Maria Celina Bodin de. *Danos à pessoa humana*: uma leitura civil-constitucional dos danos morais. Rio de Janeiro: Renovar, 2003. p. 109.

jurídicas patrimoniais, embasa também aquelas que não apresentam cunho econômico. É no cenário da constitucionalização do Direito Civil que passou a ser pleiteada a extensão da tutela jurídica às liberdades existenciais.[125]

Com efeito, a autonomia privada é entendida como meio de conduzir à dignidade quando estão em pauta interesses existenciais. De acordo com Rose Melo Vencelau Meireles, pela autonomia privada, "(...) a pessoa, para garantir o livre desenvolvimento da sua personalidade poderia se autodeterminar, ou seja, criar, modificar ou extinguir situações subjetivas, conforme fosse o efeito mais adequado para a tutela da pessoa".[126]

O livre desenvolvimento da personalidade requer que os indivíduos sejam autônomos para se autoconstruírem. A partir da compreensão da pessoa como um devir, são merecedores de tutela os projetos individuais referentes à própria vida.[127] Desse modo, "(...) pode a pessoa agir de acordo com o que entender ser melhor para si, principalmente no que tange às decisões referentes a si mesma, ao seu corpo, à sua individualidade (...)".[128]

Possível concluir, assim, que os indivíduos são autônomos para decidir sobre aspectos existenciais e para construir seus projetos de vida, tendo em vista a eleição constitucional pelo pluralismo e pela dignidade da pessoa humana.[129] Nesse sentido, abre-se a possibilidade de tomada de decisões no que atine ao próprio corpo e no que se refere à manutenção da vida em casos de terminalidade.

Para Adriana Espíndola Corrêa, consoante se verifica no excerto abaixo, a autonomia privada inclui o direito do enfermo de recusar determinada terapia em virtude dos valores pessoalmente adotados:

> (...) a autodeterminação do paciente inclui o direito de recusar um tratamento, intervenção ou exame médico, por razões íntimas ligadas a crenças religiosas, convicções pessoais, motivos éticos, visão de mundo, ou mesmo, desconfiança quanto ao sucesso do tratamento ou

---

[125] MACHADO, Diego Carvalho. *Capacidade de agir e pessoa humana*: situações subjetivas existenciais sob a ótica civil-constitucional. Curitiba: Juruá, 2013. p. 121.
[126] MEIRELES, Rose Melo Vencelau. *Autonomia privada e dignidade humana*. Rio de Janeiro: Renovar, 2009. p. 60.
[127] MACHADO, Diego Carvalho, *op. cit.*, p. 122.
[128] TEIXEIRA, Ana Carolina Brochado; PENALVA, Luciana Dadalto. Terminalidade e Autonomia: uma abordagem do testamento vital no direito brasileiro. *In:* PEREIRA, T. S.; MENEZES, R. A.; BARBOZA, H. H. (Coord.). *Vida, morte e dignidade humana*. Rio de Janeiro: GZ Editora, 2010. p. 60.
[129] *Ibidem*, loc. cit.

da avaliação de que os riscos e o sofrimento advindos do procedimento médico não compensam seus benefícios.[130]

A recusa a tratamento médico é formalizada mediante Termo de Consentimento Livre e Esclarecido, instrumento este que figura como requisito para as intervenções no corpo humano, sobre o qual se passa a tratar no tópico subsequente.

### 2.3.2 Recusa a tratamento médico e consentimento livre e esclarecido

O consentimento em geral é categoria há muito tempo adotada pelo direito, por se tratar da materialização da autonomia para a realização de um negócio jurídico. Na seara médica, tendo em vista que os atos dos profissionais da saúde podem violar a integridade física e psíquica e o direito à autodeterminação dos pacientes, o consentimento excede a posição de elemento do negócio jurídico, sendo reconhecido como figura que confere legitimidade ao ato médico.[131] Trata-se, assim, de "exigência ética e requisito de validade para todos os atos lícitos que resultem em ingerência no organismo humano, com fins terapêuticos ou não, em respeito ao direito à integridade física e ao princípio da autonomia corporal do sujeito, constitucionalmente assegurados".[132]

Como visto, a autonomia privada fundamenta decisões individuais quanto ao próprio corpo, permitindo escolhas referentes à saúde, à vida e à morte. Na esfera do direito médico, a autonomia é representada pelo direito ao consentimento livre e informado, o qual se tornou requisito indispensável para a realização de procedimentos de saúde.

Foi especialmente com as barbáries perpetradas na Segunda Guerra Mundial que se verificou a *outra* face da medicina. As experiências biomédicas ocorridas nos campos de concentração pelo Nacional-Socialismo Alemão, relacionadas à eugenia, à pesquisa com indivíduos e ao uso de câmaras de gás, mostraram a possível perniciosidade da ciência médica.[133]

---

[130] CORRÊA, Adriana Espíndola. *Consentimento livre e esclarecido*: o corpo objeto de relações jurídicas. Florianópolis: Conceito Editorial, 2010, p. 104.
[131] CASABONA, Carlos María Romeo. O consentimento informado na relação entre médico e paciente: aspectos jurídicos. *In*: CASABONA, Carlos María Romeo; QUEIROZ, Juliane Fernandes (Coord.). *Biotecnologia e suas implicações* ético-jurídicas. Belo Horizonte, Del Rey, 2004. p. 128-129.
[132] GEDIEL, José Antônio Peres. *Os transplantes de órgãos e a invenção moderna do corpo*. Curitiba: Moinho do Verbo, 2000. p. 177.
[133] STANCIOLI, Brunello Souza. *Relação jurídica médico-paciente*. Belo Horizonte: Del Rey, 2004. p. 49-50.

O Código de Nuremberg é considerado como a primeira resposta jurídica à questão das intervenções médicas não autorizadas. Promulgado em 1948 como parte do julgamento do médico nazista Karl Brand, teve influência mundial especialmente no que tange às pesquisas com seres humanos. Define, em seu artigo primeiro, que "o consentimento voluntário do ser humano é absolutamente essencial".[134]

Posteriormente, a Declaração de Helsinque – adotada originalmente em 1964 – detalhou em seu artigo 9º a exigência do consentimento informado para pesquisas com seres humanos, definindo que "(...) cada participante em potencial deve ser adequadamente informado sobre as finalidades, os métodos, os benefícios esperados, os possíveis riscos e sobre o desconforto que a pesquisa pode trazer. (...) O médico deve obter então o consentimento esclarecido, dado espontaneamente e de preferência por escrito".[135]

A Convenção de Direitos Humanos e Biomedicina, de 1997, elevou o consentimento livre e informado à categoria de direitos humanos e expandiu a exigência para todo tipo de tratamento de saúde.[136] Nos termos do artigo 5º do documento, "uma intervenção no campo da saúde só pode ser realizada depois de a pessoa (...) ter dado seu consentimento livre e informado para tal".[137]

No Brasil, a exigência do consentimento para procedimentos de saúde é prevista pelo Código de Ética Médica, em seu artigo 22, que preconiza ser vedado ao médico "deixar de obter consentimento do paciente ou de seu representante legal após o esclarecer sobre o procedimento a ser realizado, salvo em caso de risco iminente de morte".[138] Ainda, correspondente ao direito do paciente de se manifestar por meio do consentimento livre e informado figura o dever do médico de respeitar a escolha do paciente.[139]

---

[134] Ibidem, p. 52-53.
[135] BARCHIFONTAINE, Christian de Paul de; PESSINI, Leocir. Bioética e saúde. 2. ed. rev. e ampl. São Paulo: Centro São Camilo de Desenvolvimento em Administração de Saúde, 1989. p. 323-324.
[136] STANCIOLI, Brunello Souza, op. cit., p. 61.
[137] COUNCIL OF EUROPE. Convention for the Protection of Human Rights and Dignity of the Human Being with regard to the Application of Biology and Medicine: Convention on Human Rights and Biomedicine, de 4 de abril de 1997. Oviedo, Espanha, 1997. Disponível em: http://www.coe.int/pt/web/conventions/full-list/-/conventions/rms/090000168007cf98. Acesso em: 2 jan. 2020 (tradução nossa).
[138] CONSELHO FEDERAL DE MEDICINA. Código de Ética Médica – CEM, aprovado pela Resolução CFM nº 1.931/2009, de 24 de setembro de 2009, Diário Oficial da União. Brasília, DF, 2009. Disponível em: http://www.portalmedico.org.br/novocodigo/artigos.asp. Acesso em: 10 out. 2020.
[139] TEIXEIRA, Ana Carolina Brochado. Saúde, corpo e autonomia privada. Rio de Janeiro: Renovar, 2010. p. 258.

É de se ressaltar que a adoção de procedimento pelo médico sem o consentimento do paciente ou mediante consentimento defeituoso configura mácula ao direito à autonomia do enfermo, situação à qual o instituto da responsabilidade civil oferece resposta.[140]

Conforme já abordado em pontos anteriores deste trabalho, o caráter impositivo da medicina, apesar de atenuado, ainda resiste no cenário atual. Há, com efeito, uma limitação da autonomia do enfermo no que se refere aos tratamentos a que será submetido. Em virtude disso, o consentimento informado se torna, muitas vezes, mera ratificação pelo paciente daquilo que foi prescrito pelo médico.[141] Mais que isso, aproxima-se o instrumento de um contrato de adesão, o que denuncia a perda do seu objetivo principal – que é o de garantir ao paciente a condição de sujeito de seu tratamento.

No entanto, para além de ser um requisito que assegura formalmente a conduta do médico, representando o que se denomina atualmente de *medicina defensiva*, o consentimento livre e informado deve ser um instrumento de autonomia em prol do paciente, consubstanciado especialmente no dever de informar do médico.[142]

Quanto à informação prestada pelos profissionais da saúde, é somente por meio dela que o paciente tem o condão de fazer escolhas quanto aos procedimentos a que irá se submeter, diante do que o dever de informar é considerado como requisito do consentimento livre e esclarecido. O cumprimento de aludido dever exige que o profissional forneça, em termos acessíveis ao leigo, informações quanto à natureza da doença, ao prognóstico, ao tratamento indicado e seus objetivos, aos benefícios e riscos da negativa à terapia, aos riscos decorrentes do próprio tratamento e à existência de terapias alternativas.[143]

Mais que o dever de informar imputado aos médicos, emerge o dever de *informar com qualidade*, garantindo a efetiva comunicação com

---

[140] CORRÊA, Adriana Espíndola. Consentimento livre e esclarecido: o corpo objeto de relações jurídicas. Florianópolis: Conceito Editorial, 2010. p. 186.

[141] *Ibidem*, p. 116.

[142] De acordo com a doutrina especializada no tema, os elementos do consentimento livre e esclarecido são: (i) a informação; (ii) o objeto; (iii) a forma; (iv) o momento; (v) a possibilidade de retificação e (vi) os sujeitos. Neste ponto, utiliza-se especialmente a doutrina de Carlos María Romeo Casabona, um dos principais marcos teóricos acerca do tema do consentimento informado. (CASABONA, Carlos María Romeo. O consentimento informado na relação entre médico e paciente: aspectos jurídicos. *In*: CASABONA, Carlos María Romeo; QUEIROZ, Juliane Fernandes (Coord.). *Biotecnologia e suas implicações* ético-jurídicas. Belo Horizonte, Del Rey, 2004. p. 146-170).

[143] STANCIOLI, Brunello Souza. *Relação jurídica médico-paciente*. Belo Horizonte: Del Rey, 2004. p. 62-64.

o paciente. Requer-se, nesse sentido, que seja adotada linguagem clara e adequada à condição do enfermo, que a informação seja prestada preferencialmente na forma oral e que seja garantida a honestidade e a sinceridade entre as partes.[144]

O dever de informar, componente do consentimento livre e esclarecido, busca reduzir as desigualdades existentes entre médico e paciente.[145] Trata-se de mecanismo de autotutela, que dá condições ao enfermo de efetiva autodeterminação.[146] O direito do doente de conhecer as particularidades de sua enfermidade e do tratamento prescrito pelo médico é decorrência do direito à informação, definido pela Constituição Federal no artigo 5º, inciso XIV. Entende a doutrina que, após prestadas as devidas informações pelo médico, pode, o paciente capaz, exercer sua autodeterminação, inclusive renunciando a terapia prescrita.

### 2.3.3 O sujeito do consentimento livre e esclarecido: quem pode renunciar ao procedimento médico?

Consoante já exposto, o consentimento informado tornou-se requisito indispensável para a realização de procedimentos de saúde, garantindo a autonomia dos pacientes para a negativa a tratamentos médicos. Ocorre, entretanto, que a exigência do consentimento informado apenas garante autonomia aos pacientes que são plenamente capazes.

A já mencionada Declaração de Helsinque estabeleceu em seu artigo 11 que, no caso de incapacidade legal, o consentimento esclarecido é dado pelo representante legal do enfermo.[147] No que atine à pesquisa com menores no Brasil, de acordo com a Resolução nº 466/2012 do Conselho Nacional de Saúde – CNS, o consentimento livre e esclarecido é a:

> Anuência do participante da pesquisa e/ou de seu representante legal, livre de vícios (simulação, fraude ou erro), dependência, subordinação

---

[144] *Ibidem*, p. 64-65.
[145] Conforme explica Ana Carolina Brochado Teixeira, é a informação que "vai diminuir a distância, a desigualdade da relação médico-paciente, de modo a aproximá-los, mesmo que seja pela linguagem. Isso se faz necessário para evitar uma relação arbitrária do médico sobre a integridade física do paciente sem sua autorização. É por este mecanismo que a pessoa passa a atuar, a participar do processo de tratamento". (TEIXEIRA, Ana Carolina Brochado. *Saúde, corpo e autonomia privada*. Rio de Janeiro: Renovar, 2010. p. 249).
[146] CORRÊA, Adriana Espíndola. *Consentimento livre e esclarecido*: o corpo objeto de relações jurídicas. Florianópolis: Conceito Editorial, 2010. p. 134.
[147] BARCHIFONTAINE, Christian de Paul de; PESSINI, Leocir. *Bioética e saúde*. 2. ed. rev. e ampl. São Paulo: Centro São Camilo de Desenvolvimento em Administração de Saúde, 1989. p. 323-324.

ou intimidação, após esclarecimento completo e pormenorizado sobre a natureza da pesquisa, seus objetivos, métodos, benefícios previstos, potenciais riscos e o incômodo que esta possa acarretar.[148]

Assim, o consentimento livre e esclarecido dos incapazes para participação em pesquisas é realizado por seus representantes legais, aos quais cabe a autorização para participação no estudo. A doutrina se posiciona de modo semelhante sobre a temática. Afirma Carlos María Romeo Casabona que "quando o paciente é um menor de idade, ninguém duvida de que são seus pais os que devem outorgar o consentimento em seu lugar".[149]

Verifica-se que, de acordo com a sistemática prevalente do regime das incapacidades, se o paciente é menor de idade, cabe aos pais ou aos representantes a outorga do consentimento em seu lugar.[150] No entanto, permitir que pessoas diversas do titular tomem decisões a respeito do seu corpo e de sua individualidade leva a diversos questionamentos.

A artificialidade que decorre dessa racionalidade é patente. Se um adolescente de dezessete anos, nas vésperas de seu aniversário de dezoito anos, necessitar de um procedimento cirúrgico, precisará obter o consentimento de seus pais, mas, se a cirurgia se der no dia seguinte, poderá ele mesmo consentir ou dissentir acerca da terapia.[151]

Mais grave ainda se revela a situação quando o interesse do menor que já apresenta discernimento é conflitante ao dos pais. Essa hipótese se relaciona com a objeção da consciência religiosa e com a situação de crianças e adolescentes cuja religião seguida pelos genitores impede a transfusão de sangue. Questiona-se, acerca desse tema, se a escolha religiosa dos pais e representantes do menor tem por consequência a obrigatoriedade dos filhos de segui-la.

De acordo com Maria de Fátima Freire de Sá e Diogo Luna Moureira, se não for comprovado o discernimento do menor e sua condição para o exercício de decisão existencial, cabe ao médico preservar-lhe

---

[148] CONSELHO NACIONAL DA SAÚDE. Resolução nº 466, de 12 de dezembro de 2012, Brasília, DF, 2012. p. 2. Disponível em: http://conselho.saude.gov.br/resolucoes/2012/Reso466.pdf. Acesso em: 16 nov. 2020.

[149] CASABONA, Carlos María Romeo. O consentimento informado na relação entre médico e paciente: aspectos jurídicos. In: CASABONA, Carlos María Romeo; QUEIROZ, Juliane Fernandes (Coord.). Biotecnologia e suas implicações ético-jurídicas. Belo Horizonte, Del Rey, 2004. p. 149.

[150] Ibidem, p. 149.

[151] DADALTO, Luciana. Capacidade versus discernimento: quem pode fazer diretivas antecipadas de vontade? In: DADALTO, Luciana (Coord.). Diretivas antecipadas de vontade: ensaios sobre o direito à autodeterminação. Belo Horizonte: Letramento, 2013. p. 224.

a vida, pois não se sabe se o jovem seguirá futuramente a escolha religiosa dos pais.[152] Tais questões, sem qualquer dúvida, são de grande complexidade e incitam a reflexão quanto à possibilidade de distinção entre capacidade e discernimento.

Sobre o tema, Adriana Espíndola Corrêa, a partir da compreensão de que a previsão legislativa das incapacidades visa a tutelar primordialmente a segurança jurídica, questiona se o sistema do Código Civil é aplicável quando estão em discussão direitos da personalidade – para os quais a segurança deixa de ser valor relevante. Segundo a autora, as matérias de cunho personalíssimo, a exemplo da recusa a tratamento médico, podem "ser decididas apenas pela própria pessoa, excluindo-se, portanto, a possibilidade de decisão por parte do representante ou assistente".[153]

É a partir dessas colocações que se pretende, no capítulo seguinte, demonstrar a impertinência do regime das incapacidades para o exercício da recusa a tratamento médico, que se configura como situação jurídica existencial voltada ao livre desenvolvimento da personalidade.

---

[152] SÁ, Maria de Fátima Freire de; MOUREIRA, Diogo Luna. *Autonomia para morrer*: eutanásia, suicídio assistido e diretivas antecipadas de vontade. Belo Horizonte: Del Rey, 2012. p. 170.
[153] CORRÊA, Adriana Espíndola. *Consentimento livre e esclarecido*: o corpo objeto de relações jurídicas. Florianópolis: Conceito Editorial, 2010. p. 119.

CAPÍTULO 3

# O REGIME DAS INCAPACIDADES: A IMPERTINÊNCIA PARA O EXERCÍCIO DE SITUAÇÕES JURÍDICAS EXISTENCIAIS

Inicia-se este segundo capítulo com a problematização proposta por Maria de Fátima Freire de Sá e Diogo Luna Moureira: "A presunção de incapacidade de um indivíduo menor de 16 anos, ou menor de 18 anos, é absoluta? Não poderiam estes indivíduos decidir sobre questões existenciais que digam respeito a sua autobiografia, ou a presunção de incapacidade impede seja construída sua pessoalidade?".[154]

A partir da análise do regime das incapacidades disposto no ordenamento civil pátrio, verifica-se que a categoria da capacidade, moldada originalmente para relações de cunho patrimonial, não se revela adequada às situações jurídicas subjetivas existenciais – como é o caso da decisão de limitação a tratamento médico.

A afirmação é possível diante da diversidade da lógica subjacente às situações jurídicas patrimoniais e existenciais: enquanto as primeiras têm por fundamento a liberdade para atos proprietários – comprar, vender, doar, testar e herdar, em especial –, as segundas visam ao desenvolvimento da personalidade humana.

Ao se tratar de direitos existenciais, não há plausibilidade na separação entre titularidade e exercício, não sendo possível, via de regra, que terceiro exerça direito de outrem, sob pena de violação à autonomia. Os institutos de suprimento da capacidade no caso de

---

[154] SÁ, Maria de Fátima Freire de; MOUREIRA, Diogo Luna. *Autonomia para morrer*: eutanásia, suicídio assistido e diretivas antecipadas de vontade. Belo Horizonte: Del Rey, 2012. p. 169-170.

menores – representação e assistência –, a despeito do propósito protetivo subjacente, devem ser preteridos nos casos em que o adolescente demonstra discernimento suficiente para o exercício de ato existencial.

## 3.1 A tutela à pessoa pelo ordenamento jurídico brasileiro – entre o *ter* e o *ser*

O sistema de incapacidades do Código Civil de 2002, muito semelhante ao da legislação anterior, demonstra a priorização às situações jurídicas patrimoniais e a dissonância em relação à sistemática constitucional. Esse tratamento insuficiente à questão da capacidade decorre da própria insuficiência da tutela à pessoa pelo ordenamento civil brasileiro.

### 3.1.1 De sujeito de direito à pessoa humana: um caminho em construção

O Código Civil Brasileiro de 1916, influenciado pelas codificações europeias oitocentistas – marcadas pelo patrimonialismo e pelo individualismo – e adequado à tradição burguesa vigente à época, igualou a pessoa à condição de sujeito de direito.[155] Na perspectiva da relação jurídica,[156] herança do Bürgerliches Gesetzbuch – BGB adotada

---

[155] Tendo em vista a união do ideário do *Code* Civil e do Bürgerliches Gesetzbuch – BGB com as características específicas da sociedade brasileira do final do século XIX e início do século XX – especialmente o privatismo doméstico e ascensão da burguesia agrária – pode-se afirmar que para o sistema jurídico da época a pessoa seria o sujeito de direito subjetivo de propriedade, ou seja, era o "senhor absoluto de suas vastas terras (latifúndios), em que sua vontade predominava, assim como no seio familiar, nas relações conjugal e paterno-filial". (MACHADO, Diego Carvalho. *Capacidade de agir e pessoa humana:* situações subjetivas existenciais sob a ótica civil-constitucional. Curitiba: Juruá, 2013. p. 46).

[156] A noção de relação jurídica – construção central da Parte Geral – é composta pelos sujeitos, juntamente com outros elementos: o objeto, o fato jurídico e a garantia. Manuel A. Domingues de Andrade, acerca da relação jurídica, explica que esta pode ser representada por uma linha reta. Nesse sentido, "os pontos terminais dessa linha serão as pessoas entre as quais a relação jurídica se estabelece. São os sujeitos da relação jurídica. Por outro lado essa relação jurídica (...) pode incidir sobre determinado objeto: – uma coisa, uma pessoa, etc. Além disso ela deriva de uma causa, que será sempre um facto ou ocorrência a que a lei atribui um tal efeito. É o chamado facto jurídico. Finalmente, para que o poder jurídico, facultado ao titular do direito subjetivo, e a correspondente obrigação ou sujeição não sejam palavras vãs, estabelecem-se sanções, ou, mais genericamente, predispõe a ordem jurídica meios coercitivos adequados, tendentes a que tal poder obtenha quanto possível – e até onde for justo – a sua realização. É a garantia". (ANDRADE, Manuel Augusto Domingues de. *Teoria geral da relação jurídica:* sujeitos e objeto. v. I, reimp. Coimbra: Livraria Almedina, 1992. p. 06).

pelo direito pátrio na Parte Geral do Código Civil, a pessoa era considerada como o elemento subjetivo, representando o ente capaz de contrair direitos e obrigações. Assim, o sujeito de direito – e também a pessoa – era considerado como categoria científica e como elemento necessário na construção da relação jurídica.[157]

A pessoa codificada, circunscrita à noção de sujeito de direito, perfazia-se num mero conceito despido de valor, construído sob o rigorismo científico, com o fito de permitir sua inclusão nos polos das relações jurídicas, estas dotadas de conteúdo patrimonial.[158] À toda evidência não havia consideração dos indivíduos em suas particularidades e necessidades pessoais, os quais se tornaram o elemento virtual e abstrato que compõe a relação jurídica.

O sujeito de direito, na configuração da relação jurídica, é assim marcado pela abstração, atemporalidade e desapego histórico. Ao serem consideradas meras categorias jurídicas, pessoa e relação jurídica desligam-se da realidade e da afetividade que marcam a vivência dos indivíduos e de seus vínculos.[159] Nesta percepção, o objetivo da relação jurídica é a manutenção do patrimônio ou o acesso a ele. A tutela do sistema jurídico, na perspectiva clássica, estava centrada na propriedade, e, consequentemente, a proteção ao indivíduo somente se daria enquanto sujeito proprietário. Nessa configuração, "o sujeito não 'é' em si, mas 'tem' para si titularidades.[160]

Com a promulgação da Constituição Federal de 1988, foi definida como fundamento da República a dignidade da pessoa humana, nos termos de seu artigo 1º, inciso III.[161] Ao fazer essa opção, instituiu o texto constitucional que a prioridade do ordenamento jurídico passa a ser a pessoa e sua tutela.[162] Luiz Edson Fachin afirma, nessa senda, que

---

[157] MEIRELLES, Jussara Maria Leal de. O ser e o ter na codificação civil brasileira: do sujeito virtual à clausura patrimonial. *In:* FACHIN, Luiz Edson (Coord.). *Repensando fundamentos do direito civil brasileiro contemporâneo.* Rio de Janeiro: Renovar, 1998. p. 87-88.

[158] RODRIGUES, Rafael Garcia. A pessoa e o ser humano no novo Código Civil. *In:* TEPEDINO, Gustavo (Coord.). *A parte geral do Novo Código Civil:* estudos na perspectiva civil-constitucional. Rio de Janeiro: Renovar, 2002. p. 29.

[159] FACHIN, Luiz Edson. *Teoria crítica do direito civil.* 3. ed. Rio de Janeiro: Renovar, 2012. p. 98.

[160] *Ibidem*, p. 102.

[161] BRASIL. Constituição [1988]. Constituição da República Federativa do Brasil. *Diário Oficial da União*, Brasília, DF, 5 out. 1988.

[162] Aludida opção, no entanto, não representa desprestígio às situações patrimoniais. Ocorre, com efeito, que as questões patrimoniais são "redesenhadas pelo texto constitucional, o que importa serem dignas de tutela na medida em que respeitem o comando constitucional de promoção da pessoa humana". (MEIRELES, Rose Melo Vencelau. *Autonomia privada e dignidade humana.* Rio de Janeiro: Renovar, 2009. p. 8). Também nesse sentido, afirma Gustavo Tepedino que "as relações patrimoniais são funcionalizadas à dignidade

a Constituição Federal de 1988 determinou ao Direito Civil a ruptura quanto ao ideário patrimonialista herdado especialmente pelo *Code de Napoléon*, a fim de conferir proteção privilegiada ao desenvolvimento humano e à dignidade da pessoa considerada de modo concreto.[163]

Gustavo Tepedino, em análise acerca das alterações promovidas no Direito Civil em virtude do movimento de constitucionalização, aponta que o indivíduo, antes compreendido como categoria neutra apreendida pela figura do "sujeito de direitos", dá lugar à pessoa humana, cuja promoção se torna escopo de toda a ordem jurídica em virtude da emergência da dignidade da pessoa humana como cláusula geral.[164]

Se a Constituição determinou a quebra do paradigma patrimonialista até então vigente, não coube ao Código Civil de 2002 promover aludida ruptura na sistemática civilista. Isso, porque este "nasceu velho, representando um filho tardio da modernidade".[165]

Com efeito, no que concerne à proteção aos indivíduos, não houve alteração na racionalidade decorrente da promulgação do Código Civil de 2002. Foi mantida a igualação entre sujeito de direito e pessoa humana, com o tratamento genérico e abstrato acerca do destinatário da tutela do Direito Civil.[166]

---

da pessoa humana e a valores sociais insculpidos na Constituição de 1988. Fala-se, por isso mesmo, de uma despatrimonialização do direito privado, de modo a bem demarcar a diferença entre o atual sistema em relação àquele de 1916, patrimonialista e individualista". (TEPEDINO, Gustavo. 80 anos do Código Civil brasileiro: um novo Código atenderá às necessidades do país? *Revista Del Rey*, Belo Horizonte, a.1, n. 1, p. 17, dez. 1997).

[163] FACHIN, Luiz Edson. *Direito civil*: sentidos, transformações e fim. Rio de Janeiro: Renovar, 2015. p. 59. O autor expõe esta ideia também na obra "Questões do Direito Civil Contemporâneo": "A Constituição Federal de 1988 impôs ao Direito o abandono da postura patrimonialista herdada do século XIX, migrando para uma concepção em que se privilegia o desenvolvimento humano e a dignidade da pessoa concretamente considerada, em suas relações interpessoais, visando à sua emancipação". (FACHIN, Luiz Edson. *Questões do direito civil contemporâneo*. Rio de Janeiro: Renovar, 2008. p. 06).

[164] Afirma o autor que: "A pessoa humana, portanto – e não mais o sujeito de direito neutro, anônimo e titular de patrimônio –, qualificada na concreta relação jurídica em que se insere, de acordo com o valor social de sua atividade, e protegida pelo ordenamento segundo o grau de vulnerabilidade que apresenta, torna-se categoria central do direito privado". (TEPEDINO, Gustavo. Do sujeito de direito à pessoa humana. *In*: TEPEDINO, Gustavo. *Temas de direito civil*, t. II. Rio de Janeiro: Renovar, 2006).

[165] FACHIN, Luiz Edson. *Direito Civil*: sentidos, transformações e fim. Rio de Janeiro: Renovar, 2015. p. 46.

[166] Nas palavras de Ana Luiza Maia Nevares, "O novo Código Civil manteve a mesma disciplina abstrata e geral do sujeito de direito, não concebendo a pessoa em sua real dimensão humana, ou seja, tendo em vista sua variedade e diversidade de necessidades, interesses, exigências, qualidades individuais, condições econômicas e posições sociais. Dito diversamente, não assimilou o princípio constitucional, elevado a fundamento da República, de proteção à dignidade da pessoa humana". (NEVARES, Ana Luiza Maia. Entidades familiares na Constituição: críticas à concepção hierarquizada. *In*: Ramos, Carmem Lúcia Silveira

Assim, em que pese a Constituição tenha dado primazia à pessoa concreta, a alteração não se efetivou na ordem civil, de modo que "ser sujeito de direito tem correspondido a ser eventualmente sujeito de direito. A susceptibilidade de tal titularidade não tem implicado concreção, efetividade".[167] O que se percebe, em verdade, é que a proteção ao indivíduo conferida pelo Código Civil ainda ocorre predominantemente como tutela de seu patrimônio.

O regime das incapacidades exemplifica o fato de o Código Civil vigente não ter se adequado à prioritária tutela do *ser* preconizada constitucionalmente. Tanto a legislação vigente, em sua redação originária, quanto a anterior, limitaram-se à definição da capacidade para atos patrimoniais e apresentaram como escopo do instituto a tutela daqueles que não apresentam condição – seja por idade ou por condição pessoal – para a administração patrimonial de seus interesses. Não há qualquer previsão diversa, no entanto, no que se refere ao exercício das situações jurídicas existenciais.[168]

---

et al. (Org.). *Diálogos sobre direito civil*: construindo uma racionalidade contemporânea. Rio de Janeiro: Renovar, 2002. p. 301).

[167] FACHIN, Luiz Edson. *Teoria crítica do direito civil*. 3. ed. Rio de Janeiro: Renovar, 2012. p. 40.

[168] Os direitos existenciais, circunscritos especialmente nos direitos da personalidade, são voltados à proteção da dignidade e não coadunam com a lógica dos direitos subjetivos – voltados à tutela de interesses patrimoniais. Pietro Perlingieri, nessa esteira, esclarece que: "À matéria dos direitos da personalidade não é possível a aplicação do direito subjetivo elaborado sobre a categoria do 'ter'. Na categoria do 'ser' não existe a dualidade entre sujeito e objeto, porque ambos representam o ser (...). Onde o objeto da tutela é a pessoa, a perspectiva deve mudar; torna-se necessidade lógica reconhecer, pela especial natureza do interesse protegido, que é justamente a pessoa a constituir ao mesmo tempo o sujeito titular do direito e o ponto de referência objetivo da relação. (...) A personalidade é, portanto, não um direito, mas um valor (o valor fundamental do ordenamento) e está na base de uma série aberta de situações existenciais, nas quais se traduz a sua incessantemente mutável exigência de tutela. Tais situações subjetivas não assumem necessariamente a forma do direito subjetivo e não devem fazer perder de vista a unitariedade do valor envolvido". (PERLINGIERI, Pietro. *Perfis do direito civil*: introdução ao direito civil constitucional. Trad. Maria Cristina de Cicco. 3. ed. Rio de Janeiro: Renovar, 2007. p 155- 156). Preferível, assim, a adoção da categoria da situação jurídica subjetiva, que abarca de modo mais amplo as formas do agir humano, compreendendo os direitos subjetivos, os deveres jurídicos, os direitos potestativos, a sujeição, o ônus, o poder-dever entre outros. (MEIRELES, Rose Melo Vencelau. *Autonomia privada e dignidade humana*. Rio de Janeiro: Renovar, 2009. p. 19). Ainda neste capítulo será fundamentada a escolha pela categoria da situação subjetiva em face do direito subjetivo.

## 3.1.2 Personalidade: aptidão para ser sujeito de direito ou valor intrínseco da pessoa?

O Código Civil atual, já em suas disposições inaugurais, consagra a fórmula que define todos os homens como pessoas. Se em linguagem cotidiana o termo *pessoa* é sinônimo de *ser humano*, na linguagem jurídica essa correspondência de significados não pode ser confirmada. No Direito, *pessoa* é a pessoa codificada; aquela que tem condição para ser sujeito de direitos.[169] Mencionada aptidão, por sua vez, é reconhecida como *personalidade civil*.

Na perspectiva tradicional, assim, a personalidade[170] é definida como a *possibilidade*, como a *aptidão*, de um indivíduo para adentrar no cenário jurídico,[171] que é moldado, nessa ótica, pelo padrão da relação jurídica. Em suma, personalidade é a possibilidade – extensível também a pessoas jurídicas – de o sujeito se tornar titular de direitos e obrigações.[172]

As noções de sujeito, pessoa e personalidade são conexas entre si, juntamente com a noção de capacidade, que representa a dimensão

---

[169] RODRIGUES, Rafael Garcia. A pessoa e o ser humano no novo Código Civil. *In:* TEPEDINO, Gustavo (Coord.). *A parte geral do Novo Código Civil:* estudos na perspectiva civil-constitucional. Rio de Janeiro: Renovar, 2002. p. 1. Francisco Amaral, na mesma senda, preconiza que em sentido jurídico "pessoa é o ser humano ou entidade com personalidade, aptidão para a titularidade de direitos e deveres". (AMARAL, Francisco. *Direito civil:* introdução. 8. ed. rev., atual. e aum. Rio de Janeiro: Renovar, 2014. p. 270).

[170] Francisco Amaral menciona as concepções doutrinárias acerca da personalidade. Para a *concepção naturalista*, todos os indivíduos teriam personalidade, que seria entendida como inerente à condição do homem, este dotado de vontade, liberdade e razão. Haveria, nessa perspectiva, a igualdade entre ser humano e pessoa em sentido jurídico. Já para a *concepção formal* aludida correspondência não existiria, uma vez que pessoa é simplesmente o sujeito de direito criado pelo direito objetivo. O autor sugere, ainda, uma visão mais atualizada, pela qual se pode afirmar que "a pessoa traduz a qualificação jurídica da condição natural do indivíduo, em uma transposição do conceito ético de pessoa para a esfera do direito privado, e no reconhecimento de que são inseparáveis as construções jurídicas da realidade social, na qual se integram e pela qual se justificam". (AMARAL, Francisco. *Direito civil:* introdução. 8. ed. rev., atual. e aum. Rio de Janeiro: Renovar, 2014. p. 271).

[171] Explica Rafael Garcia Rodrigues que: "Personalidade civil, na perspectiva clássica, é entendida, portanto, como a possibilidade de um determinado indivíduo poder atuar no cenário jurídico, ou seja, para ser pessoa não é necessário ter direitos, mas sim poder vir a tê-los". (RODRIGUES, Rafael Garcia, *op. cit.*, p. 01-05).

[172] Veja-se, nesse sentido, o seguinte trecho de Judith Martins-Costa: "Pela atribuição de direitos e obrigações na ordem civil, operou-se a passagem do 'homem natural' ao 'homem jurídico', isto é, a pessoa, então se podendo afirmar, como faz unânime doutrina que 'ser pessoa é apenas ter a aptidão para ser sujeito de direito'". (MARTINS-COSTA, Judith. Capacidade para consentir e esterilização de mulheres tornadas incapazes pelo uso de drogas: notas para uma aproximação entre a técnica jurídica e a reflexão bioética *In:* MARTINS-COSTA, Judith; MÖLLER, Letícia Ludwig (Org.) *Bioética e responsabilidade.* Rio de Janeiro: Forense, 2009, p. 311-312).

da personalidade, ou seja, a medida da aptidão que um indivíduo apresenta para adentrar nos polos de relações jurídicas.[173]
Nas palavras de José de Oliveira Ascensão, a personalidade jurídica, nessa sistemática,

> (...) é a mera susceptibilidade de ser titular de direitos e obrigações, susceptibilidade que repousa na opção que tiver sido tomada pela ordem jurídica a esse propósito. Por isso surge em igualdade de condições com a pessoa humana a categoria da pessoa jurídica. Até a sociedade comercial é pessoa jurídica para a lei. Isto não tem já nada que ver com uma consideração substancial da pessoa.[174]

É nítido o empobrecimento desse sentido de personalidade, que desconsidera o aspecto substancial da pessoa. Ao lado dele, em consonância com o projeto constitucional, há outro. Personalidade, mais que possibilidade de ser titular de direitos e deveres, é a própria expressão do ser humano como interesse central do ordenamento jurídico. Nessa segunda acepção, a personalidade representa um "valor ético emanado do princípio da dignidade da pessoa humana e da consideração pelo direito civil do ser humano em sua complexidade".[175]

Esse outro sentido de personalidade, ao reforçar a pessoa humana como elemento central a ser protegido pelo ordenamento jurídico, permite concluir que ser pessoa não é correspondente a ser sujeito de direito. Aludido entendimento conduz à *repersonalização*, posicionando no centro do sistema jurídico a pessoa natural, "para além da personalidade enquanto conceito".[176]

A repersonalização se torna possível quando o Direito Civil acentua sua ligação com as pessoas concretamente consideradas e quando se mostra sensível ao homem comum em suas relações. É de se ressaltar que a tendência atual, em que pese ainda sofra resistências, dirige-se no

---

[173] Fachin explica, de maneira precisa, referida conexão a partir da noção de "(...) personalidade como aquela que atribui sentido de ser à pessoa; mais que pessoa, um sujeito que tem sobre si umas das primeiras dimensões, a de mensurar a personalidade, mais precisamente por meio da capacidade". (FACHIN, Luiz Edson. *Teoria crítica do direito civil*. 3. ed. Rio de Janeiro: Renovar, 2012. p. 40).
[174] ASCENSÃO, José de Oliveira. A dignidade da pessoa e o fundamento dos direitos humanos. *In:* RIBEIRO, Gustavo Pereira Leite; TEIXEIRA, Ana Carolina Brochado. *Bioética e direitos da pessoa humana*. Belo Horizonte: Del Rey, 2011. p. 23.
[175] RODRIGUES, Rafael Garcia. A pessoa e o ser humano no novo Código Civil. *In:* TEPEDINO, Gustavo (Coord.). *A parte geral do Novo Código Civil*: estudos na perspectiva civil-constitucional. Rio de Janeiro: Renovar, 2002. p. 03.
[176] FACHIN, Luiz Edson. *Teoria crítica do direito civil*. 3. ed. Rio de Janeiro: Renovar, 2012. p. 10.

sentido de afastar a abstração e a generalidade dos indivíduos, tendo em vista a primazia da Constituição e a dignidade da pessoa humana como fundamento da República.

No entanto, não obstante a Constituição Federal tenha implicitamente determinado a ruptura do Direito Civil quanto ao modelo abstrato e patrimonialista, o Código Civil de 2002 mantém a racionalidade que prioriza o *ter* em detrimento do *ser* e que desconsidera a pessoa em sua dimensão concreta. O regime das incapacidades originário,[177] do qual se passará a tratar na sequência, é exemplo do propósito patrimonial ainda vigente.

## 3.2 O regime das incapacidades do Código Civil de 2002

Nesta seção, o escopo é de analisar as regras de capacidade dispostas no Código Civil de 2002, demonstrando a inclinação às questões de ordem patrimonial. As alterações promovidas pelo recente Estatuto da Pessoa com Deficiência, que modificaram o regime das incapacidades codificado, serão abordadas na sequência.

### 3.2.1 O regime originário das incapacidades do Código Civil de 2002: a priorização do *ter*

O Código atual, mantendo o intento da codificação anterior, definiu os indivíduos relativamente e absolutamente incapazes, impossibilitando ou limitando seus atos negociais com o fito de proteger-lhes o patrimônio, "uma vez que submetê-lo à simples vontade do titular possibilitaria a ruína de seus próprios interesses".[178]

Um dos principais objetivos do regime das incapacidades é o de resguardar a validade dos negócios jurídicos, garantindo a realização por pessoas habilitadas para tanto e, caso não o tenham sido, prevendo sanções.[179] Nesse sentido, a capacidade informa a medida da

---

[177] Fala-se, aqui, em regime das incapacidades *originário* considerando que a Lei nº 13.146/2015 – que instituiu o Estatuto da Pessoa com Deficiência – alterou de modo significativo a previsão original do Código Civil de 2002. As alterações promovidas pela recente legislação serão especificamente analisadas em tópico posterior deste segundo capítulo.

[178] RODRIGUES, Rafael Garcia. A pessoa e o ser humano no novo Código Civil. *In:* TEPEDINO, Gustavo (Coord.). *A parte geral do Novo Código Civil:* estudos na perspectiva civil-constitucional. Rio de Janeiro: Renovar, 2002. p.14.

[179] Exemplar disso é a previsão do artigo 104 do Código Civil, que dispõe acerca dos requisitos de validade dos negócios jurídicos: "A validade do negócio jurídico requer: I – agente capaz; II – objeto lícito, possível, determinado ou determinável; III – forma prescrita ou

personalidade – aqui entendida como aptidão para direitos e obrigações – e define o grau da sanção aplicável ao não atendimento do requisito.[180]

A partir dessa noção, é possível incorrer no entendimento de correspondência entre personalidade e capacidade. Em que pese haja interpenetrância, os conceitos não se igualam. Explica Francisco Amaral que "enquanto a personalidade é um valor, a capacidade é a projeção desse valor que se traduz em um *quantum*". Cabe frisar que pode haver personalidade sem capacidade, consoante se verifica pelo exemplo do nascituro, que ainda não apresenta capacidade, e também no caso dos falecidos, que já deixaram de tê-la.[181]

Necessário distinguir capacidade de direito (ou de gozo) de capacidade de fato (ou de exercício, ou, ainda, negocial). A primeira, consoante preconizado pelo artigo 1º do Código Civil vigente, é atribuída indistintamente a todas as pessoas naturais, em decorrência do princípio da igualdade, e também às pessoas jurídicas, contanto que cumpridos os requisitos para sua constituição. Conforme codificado, desde o nascimento com vida[182] e a partir do registro válido, a pessoa natural e a pessoa jurídica, respectivamente, são dotadas de capacidade.

---

não defesa em lei". (BRASIL. Lei nº 10.406, de 10 de janeiro de 2002. *Diário Oficial da União*, Poder Executivo, Brasília, DF, 11 jan. 2001).

[180] Luiz Edson Fachin, no seguinte trecho, expõe o caráter sancionatório do regime das incapacidades: "O que a capacidade faz, na verdade, é informar a medida da personalidade e o grau de sanção que se volta contra o não atendimento a esse requisito. Se é o absolutamente incapaz, inquina-se de nulidade, porque a sanção é mais grave. Aquele declarado louco e interditado, se praticar o ato sem estar representado pelo seu curador, terá o ato jurídico cominado de nulidade; exatamente porque a pena é mais grave e a proteção é mais elasticada (...). No tocante aos relativamente incapazes, a noção que se apresenta é aquela que diz respeito exatamente ao sentido desse vocábulo – o incapaz é relativo a certos atos, por isso o menor (entre dezesseis e dezoito anos) não pode vender sem estar assistido, mas pode fazer um testamento, porque tem capacidade testamentária, daí sua incapacidade relativa a certos atos". (FACHIN, Luiz Edson. *Teoria crítica do direito civil*. 3. ed. Rio de Janeiro: Renovar, 2012. p. 41-42).

[181] AMARAL, Francisco. *Direito civil*: introdução. 8. ed. rev., atual. e aum. Rio de Janeiro: Renovar, 2014. p. 271.

[182] Neste ponto, necessário mencionar as teorias conceptivista e natalista quanto à gênese da personalidade. Tendo por referência a tradição romana, há muito tempo afirma-se que a aquisição da personalidade ocorre com o nascimento com vida, sendo, no entanto, assegurados direitos ao nascituro. Tal visão, chamada de teoria natalista, vem sendo debatida. Isso, porque para considerável parcela da doutrina brasileira o nascituro é portador de personalidade e é sujeito de direitos. O nascituro, de acordo com a teoria conceptivista, é dotado de personalidade e de capacidade jurídica, estando apto a adquirir direitos. Em diversas previsões, aparenta o Código Civil de 2002 ter se aproximado da teoria conceptivista, uma vez que permite o reconhecimento de filhos antes do nascimento, dispõe sobre a curatela do nascituro e legitima como sucessoras pessoas já concebidas no momento de abertura da sucessão (SZANIAWSKI, Elimar. *Direitos da personalidade e sua tutela*. 2. ed. atual. e ampl. São Paulo: Revista dos Tribunais, 2005. p. 63-66). No entanto, ao prever em seu artigo 2º que a personalidade tem início com o nascimento com vida, o Código Civil se aproximou da teoria natalista. Adota-se, neste estudo, fazendo-se referência à compreensão de Elimar Szaniawski, o entendimento de que a personalidade e a capacidade jurídica têm início com a concepção, e não com o nascimento.

De modo geral, a doutrina tende a definir a capacidade jurídica como a aptidão para aquisição de direitos e sujeição a deveres.[183] As pessoas naturais, desde o nascimento, de acordo com o Código Civil, são todas dotadas de capacidade de direito, uma vez que a partir desse marco aos indivíduos é atribuído um conjunto de direitos que lhes é inerente – direitos da personalidade, direito de ser herdeiro, direito de ser beneficiário previdenciário, direitos previstos pelo Estatuto da Criança e do Adolescente e direitos definidos constitucionalmente.

Enquanto a capacidade de direito se refere à titularidade de direitos e deveres, a capacidade de fato diz respeito ao exercício de atos com efeitos jurídicos. Se a capacidade de direito é igualmente concedida a todos os indivíduos, o mesmo não ocorre com a capacidade de fato, que é variável em graus, e alguns não a apresentam. Ainda, enquanto a capacidade de direito é consequência do nascimento com vida, no caso das pessoas naturais, ou da válida constituição, no caso da pessoa jurídica, a capacidade de fato decorre do entendimento, da inteligência e da vontade do indivíduo.[184]

A capacidade de fato permite que sejam colocados em circulação os direitos, com a possibilidade de serem operadas transformações por meio de atuação jurídica. Trata-se, com efeito, de categoria dinâmica, diferentemente da capacidade jurídica, que se revela uma posição estática.[185] Nesse sentido, entende-se que a capacidade de exercício requer que o indivíduo se encontre apto a manifestar de forma livre e consciente sua vontade, a fim de gerir seus interesses como melhor lhe aprouver.[186]

De acordo com a redação original do Código de 2002, em não havendo a possibilidade de realização de atos civis em detrimento de idade ou de condição mental, consideravam-se os indivíduos como absoluta ou relativamente incapazes. Os incapazes, assim, seriam

---

[183] Nesse sentido, Paulo Lôbo leciona que "A capacidade de direito, também denominada capacidade jurídica, é a investidura de aptidão para adquirir e transmitir direitos e para sujeição a deveres jurídicos". (LÔBO, Paulo. Direito civil: parte geral. 2. ed. São Paulo: Saraiva, 2010. p. 120).

[184] AMARAL, Francisco. Direito civil: introdução. 8. ed. rev., atual. e aum. Rio de Janeiro: Renovar, 2014. p. 281.

[185] RODRIGUES, Rafael Garcia. A pessoa e o ser humano no novo Código Civil. In: TEPEDINO, Gustavo (Coord.). A parte geral do Novo Código Civil: estudos na perspectiva civil-constitucional. Rio de Janeiro: Renovar, 2002. p. 12. Também nesse sentido afirma Rose Melo Vencelau que "A atribuição de capacidade negocial ao indivíduo foi indispensável para promover a circulação dos bens". (MEIRELES, Rose Melo Vencelau. Autonomia privada e dignidade humana. Rio de Janeiro: Renovar, 2009, introdução).

[186] RODRIGUES, Rafael Garcia, op. cit., p. 13.

aqueles cujos atos jurídicos são realizados por meio de representantes ou assistentes. Em tais situações, um sujeito considerado como capaz exerce direitos e obrigações em prol de outrem em virtude da ausência de pleno discernimento do titular.

Tendo em vista a variabilidade de graus da aptidão para discernir, classificam-se, quanto à capacidade de agir, as pessoas naturais em capazes, absolutamente incapazes e relativamente incapazes, de acordo com a possibilidade de realização de atos da vida civil. Ressalte-se que a regra é a plena capacidade de agir e, consoante explica Fachin, os capazes foram estabelecidos a *contrario sensu*, ou seja, com a definição daqueles que não ostentam capacidade.[187]

Os absolutamente incapazes, de acordo com a redação original do Código de 2002, são aqueles considerados pelo ordenamento jurídico como inaptos à realização de atos da vida civil, seja em virtude de idade ou de condição de saúde.[188]

No que atine à idade, aqueles que apresentam menos de dezesseis anos são considerados como absolutamente incapazes, e seus atos são nulos. Baseia-se a legislação, nesse caso, na presunção de falta de aptidão para exercício do ato. No que se refere à condição mental do sujeito, objeto de recente e importante mudança legislativa, a incapacidade absoluta decorreria do prejuízo ao discernimento, minando a possibilidade de compreender e administrar seus próprios interesses.

O Código Civil de 2002, originalmente, pouco alterou na definição dos absolutamente incapazes em relação à legislação anterior. Manteve a previsão de total incapacidade aos menores de dezesseis anos e, quanto à condição mental, foi exitoso ao excluir a expressão *loucos de todos os gêneros*, que revelava o ainda incipiente desenvolvimento da psiquiatria e da psicologia. Conforme a sistemática inaugural do Código vigente, aqueles que padecem de doença ou transtorno mental que mitiga drasticamente ou elimina o discernimento são submetidos a processo de interdição, no qual poderá ser declarada a incapacidade absoluta e, em o sendo, será nomeado curador para representar o sujeito.

---

[187] FACHIN, Luiz Edson. *Teoria crítica do direito civil*. 3. ed. Rio de Janeiro: Renovar, 2012. p. 147.

[188] Originalmente, o artigo 3º do Código Civil definia os absolutamente incapazes do seguinte modo: "Art. 3º São absolutamente incapazes de exercer pessoalmente os atos da vida civil: I – os menores de dezesseis anos; II – os que, por enfermidade ou deficiência mental, não tiverem o necessário discernimento para a prática desses atos; III – os que, mesmo por causa transitória, não puderem exprimir sua vontade". (BRASIL. Lei nº 10.406, de 10 de janeiro de 2002. *Diário Oficial da União*, Poder Executivo, Brasília, DF, 11 jan. 2001. Disponível em: http://www.planalto.gov.br/ccivil_03/leis/2002/L10406.htm. Acesso em: 12 jan. 2020).

Os relativamente incapazes,[189] por sua vez, não são totalmente destituídos de capacidade de exercício, uma vez que apresentam discernimento, mesmo que reduzido. Em virtude dessa redução, que decorre de circunstâncias pessoais, por doença mental ou pela idade, nos termos da redação originária, estes são assistidos na realização de seus atos civis.

Quanto aos indivíduos que apresentam idade entre dezesseis e dezoito anos, o ordenamento lhes confere a possibilidade de exercício conquanto que, para determinados atos, estejam assistidos. Define o Código Civil[190] serem relativamente incapazes aqueles que padecem de alcoolismo crônico, os dependentes químicos e os excepcionais, por causa da presunção de que todos estes apresentam limitações no discernimento quanto à administração de seus interesses. Apesar dos limites para discernir, podem realizar atos da vida civil quando estão assistidos por curador que lhes é designado.

Ainda, considera a legislação como relativamente incapaz os pródigos, conceituados como aqueles que dissipam o próprio patrimônio. A limitação na atuação destes indivíduos apenas incide sobre atos de disposição de bens, os quais passam a ser exercidos sob a assistência do curador.

De todo modo, o que se verifica é que tanto o Código vigente, em sua redação original, quanto o anterior, apresentam como fundamento do instituto da incapacidade a tutela daqueles que, por presunção, não apresentam condição para a administração de seus interesses. Aludidos interesses a serem protegidos, no entanto, são dotados de conteúdo patrimonial.

Vê-se, assim, que a lógica que permeia o regime das incapacidades é a de que cabe ao Direito Civil a tutela das situações jurídicas dotadas de valor econômico. É em razão dessa conclusão que se sugere a revisão do regime das incapacidades para exercício de situações jurídicas existenciais, pautadas estas pelo *ser*.[191]

---

[189] O artigo 4º do Código Civil, em sua redação originária, elencava os relativamente incapazes: "Art. 4: São incapazes, relativamente a certos atos, ou à maneira de os exercer: I – os maiores de dezesseis e menores de dezoito anos; II – os ébrios habituais, os viciados em tóxicos, e os que, por deficiência mental, tenham o discernimento reduzido; III – os excepcionais, sem desenvolvimento mental completo; IV – os pródigos. Parágrafo único. A capacidade dos índios será regulada por legislação especial". (BRASIL. Lei nº 10.406, de 10 de janeiro de 2002. *Diário Oficial da União*, Poder Executivo, Brasília, DF, 11 jan. 2001. Disponível em: http://www.planalto.gov.br/ccivil_03/leis/2002/L10406.htm. Acesso em: 12 jan. 2020).

[190] BRASIL. Lei nº 10.406, de 10 de janeiro de 2002. Diário Oficial da União, Poder Executivo, Brasília, DF, 11 jan. 2001.

[191] RODRIGUES, Rafael Garcia. A pessoa e o ser humano no novo Código Civil. *In*: TEPEDINO, Gustavo (Coord.). *A parte geral do Novo Código Civil*: estudos na perspectiva civil-constitucional. Rio de Janeiro: Renovar, 2002. p. 23-24.

Uma das críticas apontadas à lógica original do sistema das incapacidades se referia à reunião de indivíduos em situações diversas entre si – deficientes mentais, portadores de síndrome de Down ou de Alzheimer – em categorias genéricas, desconsiderando as particularidades de cada caso e as específicas limitações enfrentadas em cada uma dessas condições.[192] A Lei nº 13.146, de 06 de julho de 2015, trouxe importantes alterações ao regime das incapacidades ao dispor sobre as condições dos portadores de deficiência, consoante será exposto no tópico seguinte.

### 3.2.2 As alterações no regime das incapacidades promovidas pelo Estatuto da Pessoa com Deficiência

Por intermédio da Lei nº 13.146 de 2015 foi criado o Estatuto da Pessoa com Deficiência, o qual alterou de modo importante o regime das incapacidades brasileiro. O escopo da legislação, nos termos do seu artigo 1º, é o de "assegurar e promover, em condições de igualdade, o exercício dos direitos e das liberdades fundamentais por pessoa com deficiência, visando à sua inclusão social e cidadania".[193]

Pretende, assim, conferir autonomia e iguais condições aos deficientes, com o fito de inseri-los no mercado de trabalho e na sociedade de um modo geral, por meio da garantia à acessibilidade e à representatividade. De acordo com o Instituto Brasileiro de Geografia e Estatística, aproximadamente um quarto da população nacional padece de algum tipo de deficiência,[194] fração que, por si só, demonstra a necessidade de efetiva inclusão dessas pessoas na sociedade, nas instituições de ensino e no mercado de trabalho.

Relevante aspecto diz respeito à definição legal da pessoa com deficiência como "aquela que tem impedimento de longo prazo de natureza física, mental, intelectual ou sensorial, o qual, em interação com

---

[192] *Ibidem*, p. 25.
[193] BRASIL. Lei nº 13.146, de 06 de julho de 2015. *Diário Oficial da União*, Poder Executivo, Brasília, DF, 2015.
[194] Aponta o Censo de 2010 que 23,9% da população brasileira declara ser portadora de alguma deficiência. (INSTITUTO BRASILEIRO DE GEOGRAFIA E ESTATÍSTICA. *Censo Demográfico 2010*: características gerais da população, religião e pessoas com deficiência. Rio de Janeiro, 2014. Disponível em: http://www.ibge.gov.br/home/estatistica/populacao/censo2010/caracteristicas_religiao_deficiencia/caracteristicas_religiao_deficiencia_tab_pdf.shtm. Acesso em: 14 nov. 2020).

uma ou mais barreiras, pode obstruir sua participação plena e efetiva na sociedade em igualdade de condições com as demais pessoas"[195].

Prevê a lei a análise casuística da extensão das deficiências, quando sua avaliação se mostra necessária, a ser realizada por meio de equipe multiprofissional e interdisciplinar, levando em consideração os impedimentos nas funções e nas estruturas do corpo; fatores socioambientais, psicológicos e pessoais; limitação no desempenho de atividades; e restrição de participação. Nesse ponto, evidencia-se a preocupação com a análise concreta das limitações do deficiente, afastando-se de categorias genéricas e insuficientes, a exemplo de *loucos de todos os gêneros* do Código Civil de 1916.

Prevê o artigo 6º da legislação que "a deficiência não afeta a plena capacidade civil da pessoa".[196] É neste ponto que a lei opera grande mudança no regime das incapacidades, uma vez que os deficientes, a partir desse marco, são considerados *a priori* como plenamente capazes. A redação dos artigos 3º e 4º, do Código Civil, passam a contar, então, com a seguinte redação:

> Art. 3º São absolutamente incapazes de exercer pessoalmente os atos da vida civil os menores de 16 (dezesseis) anos.
> I – (Revogado);
> II – (Revogado);
> III – (Revogado).
> Art. 4º São incapazes, relativamente a certos atos ou à maneira de os exercer:
> (...)
> II - os ébrios habituais e os viciados em tóxico;
> III – aqueles que, por causa transitória ou permanente, não puderem exprimir sua vontade;
> (...)
> Parágrafo único. A capacidade dos indígenas será regulada por legislação especial.[197]

Com isso, as pessoas com deficiência não são mais automaticamente consideradas como relativa ou absolutamente incapazes. Mas,

---

[195] Artigo 2º do Estatuto da Pessoa com Deficiência. (BRASIL. Lei nº 13.146, de 06 de julho de 2015. *Diário Oficial da União*, Poder Executivo, Brasília, DF, 2015).
[196] BRASIL. Lei nº 13.146, de 06 de julho de 2015. *Diário Oficial da União*, Poder Executivo, Brasília, DF, 2015.
[197] BRASIL. Lei nº 10.406, de 10 de janeiro de 2002. Diário Oficial da União, Poder Executivo, Brasília, DF, 11 jan. 2001.

caso seja verificado que a condição limita sua possibilidade de participação social, a partir de análise por equipe multidisciplinar, poderá ele ser submetido à tomada de decisão apoiada ou à curatela.[198] O que se percebe é o intuito do Estatuto, ancorado no princípio da dignidade da pessoa humana, de afastar o rótulo da incapacidade daqueles que padecem de doenças mentais, mesmo que para isso o exercício das suas faculdades exija a adoção de institutos assistenciais.

Nesse sentido, a legislação opera alteração também quanto ao regime da curatela disposto no Código Civil, levando à revogação dos incisos I, II e IV do artigo 1.767. Definia o dispositivo que os deficientes mentais se submetiam à curatela. Com a mudança legislativa, a curatela deixa de ser regra e se torna aplicável apenas quando necessária. É o que define o parágrafo 1º do artigo 84 do Estatuto, o qual dispõe que "quando necessário, a pessoa com deficiência será submetida à curatela, conforme a lei".[199] A aplicação desse instituto, assim, torna-se medida excepcional.

O caráter excepcional e proporcional da curatela é afirmado no parágrafo 3º do mencionado dispositivo, cujo texto determina que "A definição de curatela de pessoa com deficiência constitui medida protetiva extraordinária, proporcional às necessidades e às circunstâncias de cada caso, e durará o menor tempo possível".[200] Relevante ponto da alteração legislativa foi definir, no artigo 85, que a curatela afeta apenas os atos de natureza patrimonial, não alcançando, nos termos do parágrafo 1º, "o direito ao próprio corpo, à sexualidade, ao matrimônio, à privacidade, à educação, à saúde, ao trabalho e ao voto".[201]

No que atine ao tema do presente trabalho, a alteração mais relevante decorre da previsão dos artigos 11, 12 e 13, os quais tratam da questão da autonomia do portador de deficiência para se submeter

---

[198] Curatela e tomada de decisão apoiada são institutos diferentes. Conforme explica Jacqueline Lopes Pereira, uma das diferenças entre eles "reside no grau de liberdade de decisão dado ao final à pessoa com deficiência: no primeiro caso, o curador ou a curadora tem a prerrogativa de tomar a decisão em nome da pessoa, sempre levando em consideração suas vontades e preferências. No segundo caso, a apoiadora apenas auxilia a pessoa com deficiência a compreender o contexto em que sua decisão se insere e que consequências poderiam advir, porém, a última palavra será da pessoa apoiada". (PEREIRA, Jacqueline Lopes. *Tomada de decisão apoiada*: a ampliação das liberdades da pessoa com deficiência psíquica ou intelectual em escolhas que geram efeitos jurídico. Porto: Editorial Juruá, 2019. p. 130)

[199] BRASIL. Lei nº 13.146, de 06 de julho de 2015. *Diário Oficial da União*, Poder Executivo, Brasília, DF, 2015.

[200] BRASIL. Lei nº 13.146, de 06 de julho de 2015. *Diário Oficial da União*, Poder Executivo, Brasília, DF, 2015.

[201] *Ibidem*.

a intervenção ou a tratamento médico. Nesses dispositivos há patente objetivo de garantir autonomia aos portadores de deficiência para as questões referentes ao direito à saúde.

De acordo com o artigo 11, "a pessoa com deficiência não poderá ser obrigada a se submeter a intervenção clínica ou cirúrgica, a tratamento ou a institucionalização forçada".[202] Nos termos do parágrafo único, "o consentimento da pessoa com deficiência em situação de curatela poderá ser suprido, na forma da lei".[203]

Define o artigo 12 a indispensabilidade do consentimento livre e esclarecido da pessoa deficiente para a submissão a procedimentos médicos e a pesquisas científicas. O parágrafo primeiro, por sua vez, define que "em caso de pessoa com deficiência em situação de curatela, deve ser assegurada sua participação, no maior grau possível, para a obtenção de consentimento".[204] Tutela-se, desse modo, da maior forma possível o desejo da pessoa acometida por deficiência.

O parágrafo segundo dispõe acerca da questão da pesquisa científica envolvendo pessoa com deficiência em situação de tutela ou de curatela, definindo que esta tem caráter excepcional e somente pode ocorrer quando houver indícios de benefício direto para sua saúde ou para a saúde de outras pessoas com deficiência e contanto que não haja outra opção de pesquisa de eficácia comparável com participantes não tutelados ou curatelados.

O artigo 13, ainda, define que "a pessoa com deficiência somente será atendida sem seu consentimento prévio, livre e esclarecido em casos de risco de morte e de emergência em saúde, resguardado seu superior interesse e adotadas as salvaguardas legais cabíveis".[205]

Tais disposições do Estatuto, que tutelam aos deficientes mentais o preferencial exercício autônomo e pessoal de decisões referentes à própria saúde, demonstram que a tendência, em consonância com a lógica instituída pela Constituição Federal, é de garantir aos incapazes o exercício de situações subjetivas existenciais, a exemplo das questões referentes ao próprio corpo.

Inegavelmente, as alterações promovidas pelo Estatuto são complexas e geram diversas dúvidas e perplexidades. Pode-se citar,

---

[202] *Ibidem.*
[203] *Ibidem.*
[204] *Ibidem.*
[205] BRASIL. Lei nº 13.146, de 06 de julho de 2015. *Diário Oficial da União,* Poder Executivo, Brasília, DF, 2015.

a título de exemplificação, a ausência de um regime de transição,[206] a possibilidade de arbitrariedade por parte dos médicos no que se refere à definição das incapacidades e a insuficiência do Sistema Único de Saúde para análise casuística dos portadores de deficiências.

De todo modo, deve ser reconhecida a alteração legislativa como um avanço no que se refere à efetiva tutela das pessoas pelo Direito Civil. A relevância do Estatuto, nesse sentido, está em afastar a premissa de que o portador de deficiência necessariamente não apresenta discernimento, tornando-se necessária a análise particular da situação para que se defina a medida da limitação da pessoa.

Pode-se afirmar, destarte, que o Estatuto da Pessoa com Deficiência se revela como um passo importante para tutelar a dignidade e a autonomia dos deficientes e reafirma a priorização do *ser* frente ao *ter*, uma vez que lança luz à questão do exercício de situações jurídicas existenciais por pessoas anteriormente compreendidas como incapazes para realização de tais atos.

## 3.3 Situações subjetivas existenciais: a necessidade de superação do patrimonialismo e de construção de regime diverso

Na seção ora inaugurada, o propósito é o de demonstrar que o caráter exclusivamente patrimonial do Direito Civil foi superado em virtude do reconhecimento dos direitos da personalidade. Para manejá-los, a categoria do direito subjetivo – afeito aos interesses patrimoniais – mostra-se insuficiente. É em virtude disso que decorre a opção pela utilização da categoria da *situação jurídica*, que comporta também interesses existenciais.

A lógica diversa entre situações jurídicas patrimoniais e existenciais requer sejam aplicadas, no que se refere à matéria de capacidade, sistemáticas diversas. Isso, porque nas primeiras o foco está em assegurar a segurança jurídica, enquanto nas segundas o objetivo principal é o livre desenvolvimento da personalidade.

---

[206] Nesse sentido, questiona-se se um deficiente mental que se encontrava até dezembro de 2015 em interdição por incapacidade absoluta se tornou, com a passagem para 2016 e vigência da lei, como absolutamente capaz.

### 3.3.1 O Direito Civil para além do patrimônio: a crise do direito subjetivo diante do reconhecimento dos direitos da personalidade

Consoante demonstrado nos tópicos anteriores, na centralidade do Direito Civil ainda se encontram preponderantemente tutelados os interesses patrimoniais. Com a promulgação da Constituição Federal de 1988, no entanto, definiu-se que a tutela prioritária do direito incide sobre o *ser* em face do *ter*, considerando a definição da dignidade como fundamento da República. Trata-se do movimento de superação da noção de que ao Direito Civil cabe apenas a regulação de situações jurídicas patrimoniais.

Passa-se a analisar a crise sofrida pela categoria do direito subjetivo em virtude do reconhecimento dos direitos da personalidade. Posteriormente, ainda neste capítulo, tratar-se-á das situações jurídicas existenciais, cuja tutela se dirige aos interesses existenciais, os quais demandam uma lógica diversa daquela pautada no *ter*.

O sujeito de direito erigiu como elemento central no direito privado dos séculos XVIII e XIX. Não se tratava, entretanto, de categoria autônoma, eis que sua definição dependia do conceito de direito subjetivo.[207]

A teoria dos direitos subjetivos se insere no movimento jusracionalista, que os reconhecia como direitos naturais do homem. Dentre eles, havia a primazia do direito de propriedade, em relação ao qual todos os demais indivíduos deveriam respeitar e se abster de qualquer interferência. A instrumentalização da proteção ao direito de propriedade exigia que o conceito de direito subjetivo recaísse sobre um objeto e se prestasse à obtenção de utilidades externas ao titular do direito. A noção de direito subjetivo estava, então, vinculada à proteção de interesses patrimoniais do sujeito.[208]

É possível ratificar essa conclusão no momento atual do Direito Civil. Isso, porque ao direito subjetivo corresponde o dever jurídico,

---

[207] Hans Kelsen, em "Teoria Pura do Direito", explica essa dependência conceitual: "O conceito de sujeito jurídico na teoria tradicional está claramente na mais estreita conexão com o seu conceito do direito subjetivo como titularidade de um direito (...). O conceito de um sujeito de Direito como o portador (suporte) do direito subjetivo (no sentido da titularidade jurídica – Berechtigung) é aqui, no fundo, apenas uma outra forma deste conceito de direito subjetivo que, no essencial, foi talhado pela noção de personalidade". (KELSEN, Hans. *Teoria pura do direito*. 6. ed. São Paulo: Martins Fontes, 1998. p. 189).

[208] MACHADO, Diego Carvalho. *Capacidade de agir e pessoa humana:* situações subjetivas existenciais sob a ótica civil-constitucional. Curitiba: Juruá, 2013. p. 48-49.

que, não sendo cumprido de forma espontânea, enseja ao titular a exigibilidade do seu interesse legítimo.[209] Essa lógica, evidentemente, mostra-se afeita às relações patrimoniais.

Não há dúvidas quanto à importância especialmente assumida pela categoria do direito subjetivo ao longo dos séculos XVIII e XIX, diante do escopo de tutela prioritária ao patrimônio conferida ao direito privado desse período. No entanto, aludido conceito entrou gradativamente em crise a partir da segunda metade do século XIX em virtude da noção de personalidade, introduzida na ciência jurídica por doutrinadores alemães.[210]

Necessário mencionar que até meados do século XX a tutela do direito geral de personalidade esteve em estado de dormência, em virtude especialmente da perspectiva da Escola Histórica do Direito – que negava a existência de uma categoria própria a tutelar a personalidade humana, considerada como direito subjetivo – e da teoria do positivismo, a qual afastava da ciência jurídica aquilo que se referisse a juízos de valor, diante do entendimento de que a única fonte de direito seria a legislação estatal.[211]

Nessa ordem fechada então constituída, a proteção aos direitos da personalidade se dava mediante atuação dos direitos fundamentais previstos pelas declarações internacionais e definidos nas Constituições. Havia, ainda, a proteção por meio de poucos direitos tipificados. No direito alemão, diferentemente, menos influenciado pela ordem jurídica instaurada após a Revolução Francesa, manteve-se a tutela do direito geral de personalidade. Desenvolveram-se, com isso, no direito germânico, teses que propugnavam a existência de um único e genérico

---

[209] MEIRELES, Rose Melo Vencelau. *Autonomia privada e dignidade humana*. Rio de Janeiro: Renovar, 2009. p. 21.

[210] De acordo com Diego Carvalho Machado, Georg Carl Neuer foi um dos primeiros autores a conferir tratamento jurídico à noção de personalidade. (MACHADO, Diego Carvalho. *Capacidade de agir e pessoa humana*: situações subjetivas existenciais sob a ótica civil-constitucional. Curitiba: Juruá, 2013. p. 50). É de se frisar que desde a antiga Grécia havia proteção da personalidade pelos ordenamentos jurídicos. A elaboração da teoria jurídica da personalidade, por sua vez, foi atribuída aos romanos. Na Idade Média foram lançadas as sementes para o desenvolvimento da noção moderna de pessoa humana, este fundamentado na dignidade e na valorização do indivíduo como pessoa. Alguns dos conceitos atualmente conhecidos de direitos da personalidade foram desenvolvidos por Hugo Donello, no século XVI. Mas foi a doutrina do direito natural, entre os séculos XVII e XVIII, que teve por contribuição o desenvolvimento da ideia de proteção dos direitos individuais e a noção de dignidade da pessoa humana, que culminou, no século XX, na elaboração da doutrina do *direito geral de personalidade*. (SZANIAWSKI, Elimar. *Direitos da personalidade e sua tutela*. 2. ed. rev., atual. e ampl. São Paulo: Editora Revista dos Tribunais, 2005, p. 23-41).

[211] SZANIAWSKI, Elimar. *Direitos da personalidade e sua tutela*. 2. ed. atual. e ampl. São Paulo: Revista dos Tribunais, 2005. p. 4.

direito da personalidade, afastando os multifacetados direitos. Sob essa ótica, as formas de violação à personalidade poderiam ser diversas, mas o direito em si, não.[212]

A efetiva emergência dos direitos da personalidade ocorre especialmente a partir do período pós-guerra, como decorrência das barbáries cometidas em prejuízo dos indivíduos e do reconhecimento da dignidade humana como valor a ser tutelado pelo ordenamento jurídico. Foi assim que, ao longo do século XX, a doutrina dos direitos da personalidade passou a se firmar no direito privado, sem, no entanto, estar imune a críticas. Sob a visão de que personalidade seria apenas a possibilidade do sujeito de aquisição de direitos e de sujeição a deveres, usava-se o argumento de "ilogicidade de a personalidade, que se identificava com a aptidão à titularidade de direitos, ser ao mesmo tempo o objeto de tais direitos".[213]

A despeito desse entendimento, verificou-se o afastamento da visão única de personalidade, identificando-a, também, como atributo do ser humano. Sob essa compreensão, todavia, o uso do conceito de direito subjetivo como categoria viabilizadora da proteção dos direitos da personalidade mostrou-se inapto para a tutela da pessoa em sua dimensão existencial. Nos termos de Diego Carvalho Machado, "a tese vencedora desencadeou sobre aquele conceito (de direito subjetivo) uma crise constituída de duas facetas: (i) a inadequação do conceito de direito subjetivo às relações jurídicas não patrimoniais e (ii) a exaustoração do direito subjetivo como única categoria aplicável para uma tutela jurídica plena".[214]

Os direitos da personalidade, antes tutelados apenas no âmbito do Direito Público, como decorrência dos direitos fundamentais, e pelo Direito Penal, demandavam acomodação no arranjo da teoria do Direito Civil. No entanto, na categoria do direito subjetivo, vinculada à proteção patrimonial, não havia espaço para a inclusão dos direitos da personalidade, estes dotados de lógica diversa. Isso, porque aludidos direitos se referem à própria tutela da pessoa, de sua vida, liberdade, integridade psicofísica e honra – referem-se, com efeito, às demandas não patrimoniais dos indivíduos. A anteriormente mencionada crise do direito subjetivo decorre, assim, em grande parte, da inaptidão dessa categoria para albergar os interesses não patrimoniais das pessoas.

---

[212] *Ibidem*, p. 44-45.
[213] MACHADO, Diego Carvalho. *Capacidade de agir e pessoa humana*: situações subjetivas existenciais sob a ótica civil-constitucional. Curitiba: Juruá, 2013. p. 51.
[214] MACHADO, Diego Carvalho. *Capacidade de agir e pessoa humana*: situações subjetivas existenciais sob a ótica civil-constitucional. Curitiba: Juruá, 2013. p. 51-52.

A crise do direito subjetivo conduziu também à crise do sujeito de direito, uma vez que este contemplava unicamente situações jurídicas patrimoniais, nos moldes da relação jurídica.[215] A categoria do sujeito de direito, destarte, mostrava-se impossibilitada de contemplar a noção de personalidade renovada pela ética e pela própria realidade humana.

A confusão entre pessoa e sujeito de direito empreendida pelo Direito Civil clássico, pela qual a realidade concreta do indivíduo era desconsiderada, passou a ser especialmente contestada depois dos dramáticos eventos bélicos ocorridos ao longo do século XX. É a partir disso, então, que determinadas Constituições, inclusive a brasileira de 1988, e diversos documentos internacionais[216] reconheceram a pessoa humana como centro da tutela realizada pelo Direito e definiram a dignidade como valor fundamental.

Consoante já apontado, prega a Constituição Federal de 1988, implicitamente, pelo afastamento da compreensão de sujeito como mero elemento das relações jurídicas, como categoria ahistórica, genérica e abstrata. A partir desse marco, o indivíduo que merece proteção do ordenamento jurídico e da sociedade passa a ser a pessoa concreta, dotada de necessidades, desejos e história.[217]

Nesse sentido, também, deixam de ostentar posição de centralidade os interesses patrimoniais dos indivíduos, referentes aos atos de comprar, vender, contratar, herdar e testar – ou, em síntese, de movimentar bens e valores. A Constituição Federal, designando como fundamento da República a dignidade da pessoa humana, definiu a priorização das questões existenciais.

Aludida opção, no entanto, não representa desprestígio às situações patrimoniais. Ocorre, com efeito, que as questões patrimoniais são "redesenhadas pelo texto constitucional, o que importa serem dignas de tutela na medida em que respeitem o comando constitucional de

---

[215] *Ibidem, loc. cit.*
[216] A título de exemplo, cumpre mencionar que, de modo inovador, a Constituição do México, de 1917, previu a dignidade da pessoa humana e, em 1919, a Constituição de Weimar inseriu esta noção em seu conteúdo. Quanto aos documentos internacionais de proteção aos direitos humanos, a Carta da ONU, de 1945, a Declaração Universal dos Direitos do Homem, de 1948 e diversos outros previram proteção à dignidade humana.
[217] Em sentido semelhante, afirma Rafael Rodrigues Garcia que "Na experiência brasileira, a Constituição Federal é um marco, pois ancorou como fundamento da República a prioridade à dignidade da pessoa humana (art. 1º, I e III), de forma a orientar toda a atividade legislativa, estatal e privada à consecução do projeto de realização do indivíduo como interesse superior e primeiro". (RODRIGUES, Rafael Garcia. A pessoa e o ser humano no novo Código Civil. *In:* TEPEDINO, Gustavo (Coord.). *A parte geral do Novo Código Civil*: estudos na perspectiva civil-constitucional. Rio de Janeiro: Renovar, 2002. p. 33).

promoção da pessoa humana".[218] Assim, pode-se afirmar que a partir da vigência da Constituição de 1988, as situações existenciais, que contêm em seu núcleo interesses diretamente voltados à tutela da personalidade, apresentam uma posição de primazia face às situações de cunho patrimonial.[219]

Uma das representações do movimento de constitucionalização do Direito Civil é a inserção, no Código vigente, de um capítulo destinado a tratar dos direitos da personalidade dentro do título que cuida das pessoas naturais.[220] Cabe frisar, todavia, que a tipificação desses direitos é objeto de diversas e pertinentes críticas.[221] Certo é que o fundamento de proteção dos direitos personalíssimos não está fulcrado unicamente no Código Civil, mas, especialmente, na Constituição Federal.

Em que pese não haja em nosso ordenamento uma cláusula geral de proteção da personalidade, considera-se que a Constituição – especialmente pela previsão do artigo 1º, inciso III, que dispõe ser um dos fundamentos da República a tutela da dignidade da pessoa humana – absorveu a doutrina do *direito geral de personalidade*.[222]

---

[218] MEIRELES, Rose Melo Vencelau. *Autonomia privada e dignidade humana*. Rio de Janeiro: Renovar, 2009. p. 8. Nesse sentido, afirma Gustavo Tepedino que "As relações patrimoniais são funcionalizadas à dignidade da pessoa humana e a valores sociais insculpidos na Constituição de 1988. Fala-se, por isso mesmo, de uma despatrimonialização do direito privado, de modo a bem demarcar a diferença entre o atual sistema em relação àquele de 1916, patrimonialista e individualista". (TEPEDINO, Gustavo. 80 anos do Código Civil brasileiro: um novo Código atenderá às necessidades do país? *Revista Del Rey*, Belo Horizonte, a. 1, n. 1, p. 17, dez. 1997).

[219] RODRIGUES, Rafael Garcia. A pessoa e o ser humano no novo Código Civil. In: TEPEDINO, Gustavo (Coord.). *A parte geral do Novo Código Civil*: estudos na perspectiva civil-constitucional. Rio de Janeiro: Renovar, 2002. p. 33.

[220] Afirma a autora que "somente esta localização já denota que se trata de situações voltadas para a tutela da pessoa humana". (MEIRELES, Rose Melo Vencelau. *Autonomia privada e dignidade humana*. Rio de Janeiro: Renovar, 2009. p. 19). Para além da previsão inscrita no título que trata sobre as pessoas naturais, importa mencionar que o artigo 52 do Código Civil, inscrito no título destinado às pessoas jurídicas, prevê a elas proteção, naquilo que couber, dos seus direitos da personalidade (BRASIL. Lei nº 10.406, de 10 de janeiro de 2002. *Diário Oficial da União*, Poder Executivo, Brasília, DF, 11 jan. 2001).

[221] Pietro Perlingieri critica a tipicidade dos direitos da personalidade nos seguintes termos: "Não existe um número fechado de hipóteses tuteladas: tutelado é o valor da pessoa sem limites, salvo aqueles colocados no seu interesse e naqueles de outras pessoas. A elasticidade torna-se instrumento para realizar formas de proteção também atípicas, fundadas no interesse à existência e no livre exercício da vida de relações". (PERLINGIERI, Pietro. *Perfis do direito civil*: introdução ao direito civil constitucional. Trad. Maria Cristina de Cicco. 3. ed. Rio de Janeiro: Renovar, 2007. p. 156). No cenário pátrio, Gustavo Tepedino é um dos autores que critica a perspectiva tipificadora dos direitos da personalidade, asseverando que a rígida previsão normativa não abarca todas as inúmeras e crescentes demandas da pessoa humana (MEIRELES, Rose Melo Vencelau. *Autonomia privada e dignidade humana*. Rio de Janeiro: Renovar, 2009. p. 20).

[222] SZANIAWSKI, Elimar. *Direitos da personalidade e sua tutela*. 2. ed. atual. e ampl. São Paulo: Revista dos Tribunais, 2005. p. 136-137.

O que se percebe, desse modo, é que foi adotado no ordenamento jurídico brasileiro o sistema misto de proteção à personalidade, uma vez que convive o sistema geral de tutela da Constituição com os direitos tipificados no Código Civil de 2002.[223]

### 3.3.2 As situações jurídicas existenciais e a necessidade de um regime diverso quanto à capacidade para exercê-las

Tendo em vista que na lógica dos direitos subjetivos não há pertinência para inclusão dos direitos da personalidade, fazem diversos autores a opção pela categoria da situação jurídica,[224] esta configurada como sendo mais restrita que aquela. Situação jurídica e relação jurídica são, na cátedra de Pietro Perlingieri, categorias indissociáveis. Isso, porque para o autor a relação jurídica é a *relação* entre situações subjetivas.[225]

Na categoria da situação subjetiva são abarcadas de modo mais amplo as formas do agir humano, uma vez que nela podem estar compreendidos os direitos subjetivos, os deveres jurídicos, os direitos potestativos, a sujeição, o ônus, o poder-dever entre outros.[226] A dimensão da situação jurídica subjetiva decorre do entendimento acerca de seus perfis. Na explicação de Rose Melo Vencelau,

> (...) a situação jurídica subjetiva tem origem em um fato jurídico (perfil do efeito) e se justifica a partir de um interesse existencial ou patrimonial

---

[223] *Ibidem*, p. 136-137.
[224] É o caso, a título de exemplo, de Pietro Perlingieri: "À matéria dos direitos da personalidade não é possível a aplicação do direito subjetivo elaborado sobre a categoria do 'ter'. Na categoria do 'ser' não existe a dualidade entre sujeito e objeto, porque ambos representam o ser (...). Onde o objeto da tutela é a pessoa, a perspectiva deve mudar; torna-se necessidade lógica reconhecer, pela especial natureza do interesse protegido, que é justamente a pessoa a constituir ao mesmo tempo o sujeito titular do direito e o ponto de referência objetivo da relação. (...) A personalidade é, portanto, não um direito, mas um valor (o valor fundamental do ordenamento) e está na base de uma série aberta de situações existenciais, nas quais se traduz a sua incessantemente mutável exigência de tutela. Tais situações subjetivas não assumem necessariamente a forma do direito subjetivo e não devem fazer perder de vista a unitariedade do valor envolvido". (PERLINGIERI, Pietro. *Perfis do direito civil*: introdução ao direito civil constitucional. Trad. Maria Cristina de Cicco. 3. ed. Rio de Janeiro: Renovar, 2007. p. 155-156).
[225] De acordo com Pietro Perlingieri, "A estrutura da relação jurídica é a ligação entre situações subjetivas". (PERLINGIERI, Pietro. *Perfis do direito civil*: introdução ao direito civil constitucional. Trad. Maria Cristina de Cicco. 3. ed. Rio de Janeiro: Renovar, 2007. p. 115).
[226] MEIRELES, Rose Melo Vencelau. *Autonomia privada e dignidade humana*. Rio de Janeiro: Renovar, 2009. p. 19.

(perfil do interesse), o qual é exercido por uma pluralidade de comportamentos (perfil dinâmico), juridicamente relevantes, portanto, que traduzem o poder de realizar ou deixar de realizar determinados atos ou atividades (perfil normativo), para atender sua finalidade no âmbito das relações sócio-jurídicas (perfil funcional).[227]

É possível diferenciar situações jurídicas subjetivas patrimoniais de existenciais pela análise do perfil do interesse, que demonstra de forma objetiva *o que* é a relação.[228] O interesse pode ser compreendido como o escopo do instituto, que pode ser tanto patrimonial – a envolver propriedade, crédito, empresa e iniciativa econômica privada – quanto existencial, relacionado aos direitos da personalidade.[229]

Desse modo, é a patrimonialidade do núcleo do interesse que permitirá verificar a modalidade de situação jurídica. Nesse sentido, entende-se, por um lado, que o interesse tem cunho patrimonial quando há suscetibilidade de avaliação pecuniária do bem em jogo na situação. De outro lado, as situações jurídicas não patrimoniais são aquelas não suscetíveis a avaliações econômicas.[230]

Consoante explicação de Rose Melo Vencelau, "nas situações existenciais, a pessoa não tem apenas um vínculo de titularidade, como ocorre com as demais situações jurídicas subjetivas. A pessoa é o próprio interesse".[231] Tais situações jurídicas se dirigem à proteção do *ser*, em que não há separação entre sujeito e objeto.

A distinção das situações jurídicas patrimoniais das existenciais requer que a análise perpasse o interesse, indo em direção à função. É pela funcionalização que se permite entender *para que serve* determinado instituto jurídico, isto é, qual é a sua finalidade no ordenamento jurídico. E, para se compreender a função do instituto, é necessário analisar os fundamentos que lhe subjazem.[232]

Com o fito de diferenciar as situações jurídicas patrimoniais das existenciais, é possível afirmar que àquelas o ordenamento outorga como função a livre iniciativa, enquanto a estas, o livre desenvolvimento

---

[227] MEIRELES, Rose Melo Vencelau. *Autonomia privada e dignidade humana*. Rio de Janeiro: Renovar, 2009. p. 19.
[228] *Ibidem*, p. 23 -24.
[229] PERLINGIERI, Pietro. *Perfis do direito civil:* introdução ao direito civil constitucional. Trad. Maria Cristina de Cicco. 3. ed. Rio de Janeiro: Renovar, 2007. p.106.
[230] MEIRELES, Rose Melo Vencelau, *op. cit.*, p. 24.
[231] *Ibidem*, p. 34.
[232] PERLINGIERI, Pietro, *op. cit.*, p. 106-107.

da personalidade, que diz respeito ao interesse central do sistema jurídico brasileiro: a promoção da dignidade da pessoa humana.[233]

Em que pese a diferenciação – não estanque, frise-se – entre interesses patrimoniais e existenciais, houve o predomínio da ordem do *ter* sobre a ordem do *ser* até o período da constitucionalização do Direito Civil, e ainda são sentidos seus resquícios.

Tamanha a priorização da seara patrimonial sobre a existencial que os instrumentos jurídicos destinados àquela foram estendidos a esta outra ordem. Com efeito, os instrumentais voltados às situações econômicas tornaram-se parâmetro para as situações existenciais.[234] Exemplo do que ora se afirma é o regime das incapacidades tal como inscrito originalmente no Código Civil vigente, o qual demonstra seu comprometimento com a tutela dos interesses patrimoniais e dos sujeitos como proprietários. Consoante afirmam Jussara Meirelles e Eduardo Didonet Teixeira,

> É preciso recordar que toda essa estrutura na qual se encontra inserido o regime de incapacidades traduz a pessoa como mero elemento da relação jurídica, caracteriza-a como centro de interesses jurídicos, como titular de direitos e obrigações, afastando-a da noção de pessoa real e concreta, de pessoa gente.[235]

No entanto, as alterações promovidas no sistema jurídico brasileiro em virtude da constitucionalização dos diversos ramos do Direito colocaram o *ser* no lugar de primazia do ordenamento, demandando a revisitação da categoria da capacidade quando se está diante de interesses existenciais, para que se permita a livre promoção da personalidade.

É nesse sentido que a capacidade de fato não deve mais se relacionar com o abstrato sujeito de direito, mas vincular-se à pessoa em sua dimensão ampla, ou seja, conectar-se à criança, ao adolescente, ao portador de transtorno mental, ao idoso.[236]

---

[233] MEIRELES, Rose Melo Vencelau. *Autonomia privada e dignidade humana*. Rio de Janeiro: Renovar, 2009. p. 39. Segue a autora afirmando que "será existencial a situação jurídica subjetiva se os efeitos diretos e essenciais incidirem sobre a personalidade do seu titular". (*Ibidem*, p. 42).

[234] MACHADO, Diego Carvalho. *Capacidade de agir e pessoa humana*: situações subjetivas existenciais sob a ótica civil-constitucional. Curitiba: Juruá, 2013. p. 98.

[235] MEIRELLES, Jussara Maria Leal de; TEIXEIRA, Eduardo Didonet. Consentimento livre, dignidade e saúde pública: o paciente hipossuficiente. In: RAMOS, Carmem Lúcia Nogueira *et al.* (Org.). *Diálogos sobre direito civil*: construindo uma racionalidade contemporânea. Rio de Janeiro: Renovar, 2002. p. 348-349.

[236] MACHADO, Diego Carvalho. *Capacidade de agir e pessoa humana*: situações subjetivas existenciais sob a ótica civil-constitucional. Curitiba: Juruá, 2013, *passim*.

Fato é que a dicotomia entre situações existenciais e patrimoniais preconiza a necessidade de proteção jurídica qualitativamente diversa para os casos em que são discutidos aspectos do *ser*.[237] Desse modo, torna-se necessário repensar o regime das incapacidades nos casos de exercício de situações existenciais, cujo objetivo é o próprio desenvolvimento humano.[238]

Um ponto de relevância, nessa seara, é a análise do poder de disposição das situações subjetivas. Entende-se que, em se tratando de interesse patrimonial, é possível a atribuição do poder de disposição à pessoa diversa do titular do direito. É prevista legalmente a atribuição desse poder em casos de incapacidade, seja ela decorrente de idade ou de condição mental, e, em tais circunstâncias, quem o exerce é o representante ou assistente.[239] O mesmo não ocorre quando se trata de situações existenciais.

De acordo com Perlingieri, há "incongruência em separar a titularidade da possibilidade de exercício do direito, quando estão em questão interesses existenciais, pois estes são concebidos com a finalidade de promover o próprio desenvolvimento da personalidade humana".[240] Para o autor, assim, o exercício de situações subjetivas existenciais, por se referir à esfera mais íntima do indivíduo, não poderia se concretizar mediante assistência ou representação.

Segundo o doutrinador italiano, as restrições ao exercício dos direitos existenciais pelos considerados incapazes devem ser exceção. No seguinte excerto fica claro seu posicionamento:

> É preciso (...) privilegiar sempre que for possível as escolhas de vida que o deficiente psíquico é capaz, concretamente, de exprimir, ou em relação às quais manifesta notável propensão. (...) Quando concretas, possíveis, mesmo se residuais, faculdades intelectivas e afetivas podem ser realizadas de maneira a contribuir para o desenvolvimento da personalidade, é necessário que sejam garantidos a titularidade e o exercício de todas aquelas expressões de vida que, encontrando fundamento no *status personae* e no *status civitatis*, sejam compatíveis com a efetiva situação psicofísica do sujeito.[241]

---

[237] *Ibidem*, p. 110.
[238] RODRIGUES, Rafael Garcia. A pessoa e o ser humano no novo Código Civil. In: TEPEDINO, Gustavo (Coord.). *A parte geral do Novo Código Civil*: estudos na perspectiva civil-constitucional. Rio de Janeiro: Renovar, 2002. p. 24.
[239] MACHADO, Diego Carvalho, *op. cit.*, p. 114.
[240] PERLINGIERI, Pietro. *Perfis do direito civil:* introdução ao direito civil constitucional. Trad. Maria Cristina de Cicco. 3. ed. Rio de Janeiro: Renovar, 2007. p.122.
[241] PERLINGIERI, Pietro. *O direito civil na legalidade constitucional*. Trad. Maria Cristina de Cicco. Rio de Janeiro: Renovar, 2008. p. 164-165.

Em que pese nem todos os indivíduos apresentem condições para discernir acerca de questões patrimoniais, adota-se o posicionamento de que não é possível desprezar as manifestações de vontade dos menores, dos deficientes mentais e dos enfermos quanto a questões que dizem respeito ao seu próprio desenvolvimento. Ao se delegar o poder de escolha relativo a situações jurídicas existenciais a terceiros, essa medida representaria violação à dignidade humana e à liberdade da pessoa.[242]

É contrário à lógica das situações jurídicas existenciais que seu exercício ocorra mediante representação ou assistência em decorrência do não atingimento da plena capacidade pelo titular. Isso, porque em tais atos a referência é a própria pessoa portadora do direito, bem como seus interesses e escolhas existenciais.[243]

As situações jurídicas subjetivas que abrangem interesses existenciais, voltados à realização do *ser*, tendem a se inter-relacionar com os direitos da personalidade, uma vez que têm por fundamento a tutela da dignidade humana. Nesse sentido, pode-se afirmar que a disposição corporal representa uma situação jurídica existencial, na qual a manifestação é de caráter personalíssimo, independentemente de ser o titular capaz ou incapaz.[244]

Com isso, torna-se necessário transpor as regras de capacidade quando estão em jogo interesses existenciais. Nessa esteira, impõe-se seja aferida a concreta condição de discernimento do titular a fim de se averiguar se é eficaz a manifestação de vontade proferida por aquele que, de acordo com a legislação, é incapaz para os atos da vida civil.[245] Nesse sentido é o conteúdo do enunciado nº 138 aprovado na III Jornada de Direito Civil, que interpretou o artigo 3º do Código Civil do seguinte modo:

> Art. 3º: A vontade dos absolutamente incapazes, na hipótese do inc. I do art. 3º, é juridicamente relevante na concretização de situações existenciais a eles concernentes, desde que demonstrem discernimento bastante para tanto.[246]

---

[242] RODRIGUES, Rafael Garcia. A pessoa e o ser humano no novo Código Civil. In: TEPEDINO, Gustavo (Coord.). *A parte geral do Novo Código Civil*: estudos na perspectiva civil-constitucional. Rio de Janeiro: Renovar, 2002. p. 25-26.
[243] MEIRELES, Rose Melo Vencelau. *Autonomia privada e dignidade humana*. Rio de Janeiro: Renovar, 2009. p. 126.
[244] GEDIEL, José Antônio Peres. *Os transplantes de órgãos e a invenção moderna do corpo*. Curitiba: Moinho do Verbo, 2000. p.182-183.
[245] MEIRELES, Rose Melo Vencelau, *op. cit.*, p. 129.
[246] CENTRO DE ESTUDOS JUDICIÁRIOS. III Jornada de Direito Civil. Ruy Rosado (Org.). Brasília, DF: CJF, 2004. p. 507. Disponível em: http://daleth.cjf.jus.br/revista/enunciados/IIIJornada.pdf. Acesso em: 12 nov. 2020.

Urge, portanto, distinguir capacidade de discernimento, buscando que este último seja o fundamento de situações jurídicas existenciais e afastando a automática aplicação das regras dos artigos 3º e 4º do Código Civil para interesses extrapatrimoniais.

Demonstrada a insuficiência do regime das incapacidades para o exercício de questões vinculadas ao próprio corpo e a necessidade de aferimento concreto do discernimento dos incapazes, passa-se, no capítulo seguinte, à análise do exercício do direito à morte por crianças e adolescentes, a partir da categoria da *capacidade para consentir*.

CAPÍTULO 4

# O EXERCÍCIO DO DIREITO À MORTE DIGNA POR CRIANÇAS E ADOLESCENTES PACIENTES TERMINAIS

Concluiu-se, no capítulo anterior, que o discernimento para o exercício de situações jurídicas existenciais deve ser averiguado de forma casuística, a fim de valorizar a autonomia daqueles sujeitos que, de acordo com a legislação civil, são classificados como incapazes de fato. O foco reside, nesta última parte do estudo, na capacidade dos menores de dezoito anos para tomada de decisão sobre o fim da vida.

Em um primeiro momento, analisar-se-á a mudança empreendida na proteção à infância e em decorrência da constitucionalização do ordenamento jurídico brasileiro. Consoante se demonstrará, de personagem secundário no cenário familiar – submetido ao pátrio poder e carente de autonomia –, crianças e adolescentes passaram a atuar no contexto da família eudemonista em condição de igualdade com os demais membros, buscando desenvolver sua personalidade. Torna-se, com efeito, sujeito titular de direitos fundamentais e destinatário de proteção prioritária pela família, pelo Estado e pela sociedade como um todo.

De acordo com Rose Melo Vencelau Meireles, "o reconhecimento da criança e do adolescente como sujeitos de direitos, na condição peculiar de pessoas em desenvolvimento (...), submete o instituto da capacidade jurídica a um repensar".[247] Paulatinamente, a vontade daqueles que não atingiram a maioridade ganha relevância no cenário jurídico, e as regras de capacidade se mostram inaptas às situações concretas.

---

[247] MEIRELES, Rose Melo Vencelau. *Autonomia privada e dignidade humana*. Rio de Janeiro: Renovar, 2009. p. 132-133.

A Constituição Federal e o Estatuto da Criança e do Adolescente (Lei nº 8.069/1990), com respaldo na doutrina da proteção integral, tutelam a liberdade e a dignidade do menor e lhe garantem direito de expressão e de opinião. Em determinados temas, o ordenamento jurídico, de modo incompatível em relação ao sistema geral de incapacidades, concede ao adolescente legitimidade para decisões de caráter extrapatrimonial.

Abre-se, assim, espaço para que se defenda em nosso ordenamento jurídico o exercício de situações jurídicas existenciais por crianças e adolescentes, desde que verificado o nível de maturidade apresentado. Nesse sentido, aferido o discernimento da pessoa menor de dezoito anos por equipe multidisciplinar, é possível que esta tome decisões no que se refere ao próprio corpo.

No entanto, dois critérios devem ser considerados para que seja atribuído poder decisório aos menores: evitar que o sistema jurídico se caracterize por complexidade e inoperabilidade exageradas e avaliar o risco do ato objeto de decisão tomada pelo menor.[248]

Às crianças e aos adolescentes, em virtude das disposições da Convenção sobre os Direitos da Criança, da Constituição Federal e do ECA, são garantidos os direitos à dignidade e à liberdade. Consequentemente, pode-se afirmar que a eles é também tutelado o direito à morte digna e autônoma – o qual muitas vezes é alcançado a partir da renúncia a tratamento médico.

A recusa ou a suspensão a procedimento médico em casos de terminalidade, conforme defendido especialmente no primeiro capítulo, é ato possível ao enfermo em virtude da garantia à autodeterminação, a qual é instrumentalizada pelo Termo de Consentimento Livre e Esclarecido. A questão que se coloca é quanto à possibilidade de crianças e adolescentes renunciarem a procedimentos médicos quando se encontram em situação de terminalidade, com vistas à garantia ao seu direito à morte digna e autônoma.

Em prol da segurança jurídica, propõe-se a adoção da categoria da *capacidade para consentir*, a qual representa uma resposta realista ao tema e indica critérios objetivos para que adolescentes sejam considerados aptos ao exercício de decisões atinentes ao próprio corpo. Para que um menor seja considerado competente para recusar determinada terapia, deve ele apresentar aptidões intelectuais, volitivas e emocionais que lhe deem condições para fazer uma escolha desta magnitude.

---

[248] STANCIOLI, Brunello Souza. *Relação jurídica médico-paciente*. Belo Horizonte: Del Rey, 2004. p. 47.

A partir da utilização desse instrumental teórico, distingue-se *capacidade* de *discernimento*, tornando-se este último o fundamento das escolhas individuais sobre saúde. Com isso, abre-se também espaço para a formalização dos desejos dos enfermos adolescentes acerca do final da vida por meio de diretivas antecipadas de vontade.

Imprescindível, no entanto, verificar as limitações da aplicação da teoria da *capacidade para consentir* no Brasil, especialmente em virtude da particular condição dos jovens em nosso país, que é caracterizado por tamanha desigualdade social e pela insuficiência dos sistemas públicos de saúde e de educação. Garantir autonomia às crianças e aos adolescentes, consoante será demonstrado, é processo que requer a redução da vulnerabilidade dos jovens.

## 4.1 Crianças e adolescentes e situações jurídicas existenciais

O foco da presente seção é compreender o tratamento jurídico conferido às crianças e aos adolescentes e, a partir disso, verificar se há fundamento, em nosso ordenamento, para a defesa do exercício de situações jurídicas existenciais por eles, independentemente de representação e de assistência. Para tanto, torna-se necessária, inicialmente, a compreensão desse conceito.

A infância e a adolescência são caracterizadas como processos de contínua evolução, no qual novas capacidades são adquiridas e novas vivências são experimentadas. Mencionada evolução, no entanto, não ocorre em saltos ou em blocos, nem de modo homogêneo. O ritmo dessas alterações é individualizado, o que faz com que pessoas da mesma idade apresentem graus de desenvolvimento diversos, diferença essa relacionada principalmente aos estímulos, ao ambiente, à educação e às experiências vividas pelo menor.[249]

Sendo o amadurecimento da criança e do adolescente um processo heterogêneo e gradual, é possível que, antes mesmo de atingir a maioridade, o jovem se encontre apto a tomar decisões autônomas referentes a questões que tocam sua própria existência. Se, por um lado, o Código Civil submete os menores, na integralidade das situações, aos institutos da representação ou da assistência, por outro, o Estatuto da

---

[249] LEONE, Cláudio. A criança, o adolescente, a autonomia. *Revista Bioética*, v. 6, n. 1, Brasília, 1998, p. 02. Disponível em: http://revistabioetica.cfm.org.br/index.php/revista_bioetica/article/view/324/392. Acesso em: 20 dez. 2019.

Criança e do Adolescente tutela sua autonomia. Na sequência, o foco será analisar a tutela conferida pelo ordenamento jurídico brasileiro ao adolescente.

### 4.1.1 A proteção à infância e à adolescência a partir da Constituição Federal, do Direito de Família na perspectiva eudemonista e do Estatuto da Criança e do Adolescente

Para o Direito, anteriormente ao giro promovido pela Constituição Federal de 1988, o tratamento conferido ao adolescente vinculava-se às características do Direito de Família tradicional. Com as alterações que tocaram à noção de família, responsáveis pela substituição do matrimonialismo, do patriarcalismo e do transpessoalismo pela afetividade, pela igualdade entre os membros e pela solidariedade, a criança e o adolescente abandonam o papel de coadjuvante no cenário familiar.

A primeira configuração da noção de família, cristalizada pelo Código Civil de 1916, é marcada especialmente pelo caráter patrimonial. Por ela, buscava-se principalmente a transmissão de propriedade e do nome – este sendo um indicador daquela. Outra importante característica era a desconsideração das entidades familiares não fundadas no matrimônio. Tamanha era a relevância do casamento em aludido modelo que uma de suas características era a indissolubilidade.[250] Nessa estrutura, os indivíduos em si eram pouco valorizados, pois, pelo suposto bem da entidade, eram desprezadas as pretensões e os anseios dos membros da família, ensejando a transpessoalidade.

No que se refere ao tratamento dos menores, o principal ponto a ser analisado é o patriarcalismo. Enquanto o homem desempenhava o papel de provedor, a mulher cuidava dos assuntos domésticos e da educação dos filhos, cabendo ao marido as principais decisões referentes à situação familiar.[251]

---

[250] Conforme explica Ana Carla Harmatiuk Matos, "transpunha-se igualmente para o Direito a ideia de que 'o que Deus uniu o homem não separa', não se permitindo a dissolução do vínculo conjugal. Justifica-se o afastamento do divórcio, nessa época, pelo valor supremo concedido para a união familiar, que também se configurava como um núcleo econômico". (MATOS, Ana Carla Harmatiuk. *União entre pessoas do mesmo sexo*: aspectos jurídicos e sociais. Belo Horizonte: DelRey, 2004. p. 09).

[251] A característica da patriarcalismo é explicada por Silvana Maria Carbonera na obra "Guarda de filhos na família constitucionalizada", ao trazer a seguinte descrição: "Um homem, sentado atrás de uma escrivaninha, dirige sua atenção a um mar de papéis. Mais à sua esquerda, uma mulher, que divide sua atenção com um trabalho manual e com as

Os personagens e os papeis desempenhados pelos membros da família, nesse sistema tradicional, eram bastante evidentes: o marido/pai era o líder da entidade familiar, o único membro com poder de decisões, enquanto a mulher desempenhava papel acessório, sem ostentar *status* autônomo, sempre ligada a algum ente – ao pai, ao marido ou à própria instituição familiar. Tendo em vista os papeis delineados, era patente a posição prioritária do homem em oposição à inferioridade e à submissão da mulher e dos menores.

Os filhos, juntamente à mãe, encontravam-se em papel secundário.[252] Sobre eles incidia o pátrio poder – considerado como direito subjetivo –, o qual era exercido especialmente pelo pai, principal responsável por tomar decisões em nome da prole. Nessa sistemática, a tendência era que os filhos, inclusive os que estavam na adolescência, contassem com pouca autonomia e baixo poder decisório.[253]

A promulgação da Constituição Federal em 1988 é o marco da passagem da concepção institucional de família para a concepção eudemonista[254] e também da alteração quanto à proteção de crianças e adolescentes. No que se refere ao Direito de Família, a Constituição inaugurou uma nova concepção de entidade familiar, direcionada à realização pessoal dos indivíduos que a compõem.[255]

---

crianças que, despreocupadamente, brincam pouco à frente". (CARBONERA, Silvana Maria. *Guarda de filhos na família constitucionalizada*. Porto Alegre: Sergio Antonio Fabris Editor, 2000. p. 23).

[252] CARBONERA, Silvana Maria, *op. cit.*, p. 24-25. Em sentido semelhante, Ana Carla Harmatiuk Matos explica que "a mulher e os filhos, no modelo clássico, encontram-se em posição hierarquicamente inferior. Edificada sobre os alicerces da crença em uma 'natural' condição de superioridade masculina por razões de autoridade e força física, a história reservou um espaço de inferioridade à mulher". (MATOS, Ana Carla Harmatiuk, *op. cit.*, p. 09).

[253] Diego Carvalho Machado, ao afirmar a ausência de autonomia na adolescência, aponta que o adolescente, neste contexto, era "(...) o filho (legítimo, legitimado, legalmente reconhecido ou adotivo) submetido ao poderoso pai, titular da *pater potesta* (pátrio poder), assumindo um status jurídico equivalente ao de coisa, ou seja, de objeto de direito". (MACHADO, Diego Carvalho. *Capacidade de agir e pessoa humana*: situações subjetivas existenciais sob a ótica civil-constitucional. Curitiba: Juruá, 2013. p. 159). A despeito de não se concordar com a alegada coisificação do adolescente, faz-se uso da passagem acima para demonstrar a posição secundária destinada ao jovem antes da Constituição Federal de 1988.

[254] Carmen Sílvia Maurício de Lacerda resume tal passagem: "A família, extrapolando os limites de um modelo único, matrimonializado, desigual e hierarquizado, converte-se em um local de realização das pessoas que a integram, não importando a origem ou a forma de constituição, na medida em que o objetivo final da proteção estatal deverá incidir na pessoa humana e no desenvolvimento de sua personalidade". (LACERDA, Carmen Sílvia Maurício de. Famílias monoparentais: conceito. composição. responsabilidade. *In:* ALBUQUERQUE, F. S.; EHRHART JR., M.; OLIVEIRA, C. A. de. *Família no direito contemporâneo*: estudos em homenagem a Paulo Luiz Netto Lôbo. Salvador: JusPodivum, 2010. p. 169).

[255] De acordo com Pietro Perlingieri, em análise acerca do Direito de Família italiano, a entidade familiar é protegida pela Constituição "não como portadora de um interesse superior e superindividual, mas, sim, em função da realização das exigências humanas, como lugar

Esse novo paradigma altera a compreensão anterior acerca da posição assumida pelos filhos menores. Ao ser afastada a superioridade do pai/marido, aqueles que ainda não atingiram a maioridade são reconhecidos como sujeitos de igual importância no cenário familiar. Na realidade, é possível, inclusive, verificar uma inversão de prioridades: se antes o pátrio poder existia em prol do genitor, hoje o poder familiar se justifica para tutelar os interesses das crianças e dos adolescentes.[256]

Os infantes, nas últimas décadas, foram reconhecidos como sujeitos vulneráveis e, a partir dessa constatação, exigiu-se a priorização do seu cuidado por parte da família, do Estado e da sociedade como um todo. Compreendeu-se a vulnerabilidade na infância e na adolescência diante da verificação da necessidade de um conjunto de fatores para que o menor tenha seus direitos efetivados.

Previu a Constituição Federal, em seu artigo 227,[257] a tutela prioritária às crianças e aos adolescentes, reconhecidos como pessoas humanas dotadas de direitos fundamentais. Dentre eles, cite-se o direito à dignidade e à liberdade. Aludido dispositivo origina o *princípio do melhor interesse do menor*, o qual preceitua que este, na condição de pessoa em desenvolvimento, merece atenção especial por parte do Estado, da sociedade e da família. Por esse princípio é reconhecido "o valor intrínseco e prospectivo das futuras gerações, como exigência ética de realização de vida digna para todos".[258]

O Estatuto da Criança e do Adolescente, decorrente da ratificação da Convenção sobre os Direitos da Criança, em seu artigo 15 define que "A criança e o adolescente têm direito à liberdade, ao respeito e à dignidade como pessoas humanas em processo de desenvolvimento e como sujeitos de direitos civis, humanos e sociais garantidos na Constituição e nas leis".[259] No que atine à liberdade, dentre outras previsões, garante aos menores o direito de opinião e de expressão.

---

onde se desenvolve a pessoa". (PERLINGIERI, Pietro. *Perfis do direito civil:* introdução ao direito civil constitucional. Trad. Maria Cristina de Cicco. 3. ed. Rio de Janeiro: Renovar, 2007. p. 243).

[256] LÔBO, Paulo. *Direito civil:* famílias. 4. ed. São Paulo: Saraiva, 2011. p. 75.

[257] Prevê o *caput* do artigo 227 da Constituição Federal que "É dever da família, da sociedade e do Estado assegurar à criança, ao adolescente e ao jovem, com absoluta prioridade, o direito à vida, à saúde, à alimentação, à educação, ao lazer, à profissionalização, à cultura, à dignidade, ao respeito, à liberdade e à convivência familiar e comunitária, além de colocá-los a salvo de toda forma de negligência, discriminação, exploração, violência, crueldade e opressão". (BRASIL. Constituição [1988]. Constituição da República Federativa do Brasil. *Diário Oficial da União*, Brasília, DF, 5 out. 1988).

[258] LÔBO, Paulo. *Direito civil:* famílias. 4. ed. São Paulo: Saraiva, 2011. p. 75.

[259] BRASIL. Lei nº 8.069, de 16 de julho de 1990. *Diário Oficial da União*, Poder Executivo, Brasília, DF, 1990.

Se antes o pátrio poder era reconhecido como direito subjetivo, no contexto de igualdade e de democracia na comunidade familiar o papel desenvolvido pelos pais em relação aos filhos recebe novos contornos. Nesse sentido, o que se verifica é a substituição do poder dos pais sobre os filhos (pátrio poder) pela autoridade natural dos genitores em relação a eles (autoridade parental).[260] Pode-se afirmar, com isso, que o exercício da autoridade parental deve ser realizado em vistas à promoção dos interesses da criança e do adolescente, que não estão circundados às questões patrimoniais. Consoante afirma Perlingieri,

> O interesse do menor identifica-se também com a obtenção de uma autonomia pessoal e de juízo e pode concretizar-se também na possibilidade de exprimir escolhas e propostas alternativas que possam ter relação com os mais diversos setores, dos interesses culturais àqueles políticos e afetivos, desde que seja salvaguardada a sua integridade psicofísica e o global crescimento da sua personalidade".[261]

A prioridade se torna, então, o atendimento dos interesses dos menores, incumbindo aos pais educar, assistir, promover a personalidade e edificar a autonomia dos menores em vistas a contornar suas vulnerabilidades.[262] No tópico subsequente, passa-se a tratar sobre a proteção à autonomia de crianças e de adolescentes e sobre o exercício por eles de situações jurídicas existenciais.

### 4.1.2 A autonomia na infância e na adolescência para o exercício de situações jurídicas existenciais

Consoante visto, a Constituição Federal e o Estatuto da Criança e do Adolescente preveem aos menores de dezoito anos a garantia de liberdade e de dignidade, assegurando-lhes direito de expressão, de opinião, de crença e culto religioso. Em determinados temas, o sistema jurídico, denunciando a incongruência do sistema geral de incapacidades, confere valor à autonomia da criança e do adolescente absolutamente incapaz, especialmente no que se refere a questões de cunho extrapatrimonial, a exemplo da adoção e da guarda.[263]

---

[260] LÔBO, Paulo, *op. cit.*, p. 297.
[261] PERLINGIERI, Pietro. *Perfis do direito civil*: introdução ao direito civil constitucional. Trad. Maria Cristina de Cicco. 3. ed. Rio de Janeiro: Renovar, 2007. p. 260.
[262] MEIRELES, Rose Melo Vencelau. *Autonomia privada e dignidade humana*. Rio de Janeiro: Renovar, 2009. p. 178.
[263] Em relação à colocação em família substituta, o Estatuto da Criança e do Adolescente, em seu artigo 28, §1º, define que "Sempre que possível, a criança ou o adolescente será

Quanto aos menores relativamente incapazes, que estão na faixa entre 16 e 18 anos, o ordenamento jurídico lhes garante diversas possibilidades de exercício de atos jurídicos nos quais é dispensada a assistência, citando-se como exemplo a possibilidade de casar – contanto que autorizados pelos responsáveis –, de testar, de exercer mandato, de ser testemunha e de votar.[264]

A aquisição da autonomia é um dos principais aspectos da infância e da adolescência, havendo a construção da personalidade e da identidade, bem como a edificação das bases espirituais, corporais e biopsíquicas para que a pessoa possa decidir sobre seu próprio destino.[265] A obtenção de autonomia depende do processo educacional ao qual a pessoa se encontra submetida. Enquanto são educados – no ambiente familiar e na instituição de ensino, principalmente – a criança e o adolescente gradualmente adquirem condições para tomar decisões.[266]

Duas são as principais características do processo de autonomização da criança e do adolescente: a progressividade e a heterogeneidade. De um lado, a capacidade de autodeterminação não é atingida como um todo quando atingida a maioridade, mas obtida ao longo desse percurso. Por outro lado, o desenvolvimento da autonomia é heterogêneo, o qual depende do ambiente, dos estímulos e das experiências vividas por cada um.

A Convenção sobre os Direitos da Criança – da qual o Brasil é signatário – menciona em seu artigo 5º a *evolução da capacidade do menor*,

---

previamente ouvido por equipe interprofissional, respeitado seu estágio de desenvolvimento e grau de compreensão sobre as implicações da medida, e terá sua opinião devidamente considerada". (BRASIL. Lei nº 8.069, de 16 de julho de 1990. Diário Oficial da União, Poder Executivo, Brasília, DF, 1990.)

[264] De acordo com o artigo 1.517 do Código Civil de 2002, "O homem e a mulher com dezesseis anos podem casar, exigindo-se autorização de ambos os pais, ou de seus representantes legais, enquanto não atingida a maioridade civil". No mesmo diploma, o parágrafo único do artigo 1.860 prevê a possibilidade dos relativamente incapazes testarem. Já o artigo 666 garante aos adolescentes entre dezesseis e dezoito anos a faculdade de serem mandatários. O artigo 228, ao definir aqueles que não podem ser testemunhas, garante aos relativamente incapazes, a *contrario sensu*, a possibilidade de testemunharem atos jurídicos. A Constituição Federal, ao tratar sobre os direitos políticos, faculta o alistamento eleitoral e o voto aos maiores de dezesseis e menores de dezoito (artigo 14, §1º, II, "c").

[265] MACHADO, Diego Carvalho. *Capacidade de agir e pessoa humana*: situações subjetivas existenciais sob a ótica civil-constitucional. Curitiba: Juruá, 2013. p.167.

[266] Nas palavras de Diego Carvalho Machado, "se percebe com nitidez que a liberdade ou autodeterminação do menor toma forma de modo gradual, à medida em que é educado, sendo que o adolescente com certeza já é sujeito portador de considerável maturidade, isto é, espaço de autogoverno (ainda em edificação), respeitadas, evidentemente, as particularidades da concreta formação do discernimento em cada indivíduo". (*Ibidem*, p. 168.)

inserindo a ideia de *envolving capacities*.[267] Aludida noção aponta para o desenvolvimento progressivo e heterogêneo do menor, com respeito às diferenças ambientes, culturais e educacionais.[268] Evidencia-se, assim, que mesmo antes de atingida a maioridade pode a pessoa apresentar plenas condições de discernir e de se autodeterminar. Certo é, no entanto, que tal constatação somente pode ser operada caso a caso, ou seja, deve ser realizada a partir de análise concreta.

Cláudio Leone, referindo-se aos critérios desenvolvidos por Harrison e colaboradores, menciona que o diagnóstico de autonomia e de discernimento de uma criança ou um adolescente requer avaliação na qual seja constatado houve a aquisição de:

> (i) habilidade de receber, entender e transmitir informações importantes;
> (ii) capacidade de refletir e realizar escolhas com algum grau de independência;
> (iii) habilidade de prever riscos, benefícios e possíveis danos, bem como de considerar múltiplas opções e conseqüências, e
> (iv) interiorização de um conjunto de valores razoavelmente estável.[269]

Assim, somente a partir da análise individualizada da pessoa criança ou adolescente torna-se possível averiguar seu discernimento e conferir validade à vontade por ele expressada acerca de questões que tocam à própria existência.[270]

Enquanto nas situações jurídicas patrimoniais busca-se segurança jurídica – diante do que é estabelecida de forma pontual e artificial uma idade para seu exercício autônomo –, nas situações jurídicas existenciais o escopo é o livre desenvolvimento da personalidade.

---

[267] Artigo 5º: "Os Estados Partes respeitarão as responsabilidades, os direitos e os deveres dos pais ou, quando for o caso, dos membros da família ampliada ou da comunidade, conforme determinem os costumes locais dos tutores ou de outras pessoas legalmente responsáveis por proporcionar à criança instrução e orientação adequadas e acordes com a evolução de sua capacidade, no exercício dos direitos reconhecidos na presente Convenção". (BRASIL. Decreto nº 99.710, de 21 de novembro de 1990. Promulga a Convenção sobre os Direitos da Criança. *Diário Oficial da União*, Poder Executivo, Brasília, DF, 22 nov. 1990).

[268] MEIRELES, Rose Melo Vencelau. *Autonomia privada e dignidade humana*. Rio de Janeiro: Renovar, 2009. p. 172.

[269] LEONE, Cláudio. A criança, o adolescente, a autonomia. *Revista Bioética*, v. 6, n. 1, Brasília, 1998, p. 03. Disponível em: http://revistabioetica.cfm.org.br/index.php/revista_bioetica/article/view/324/392. Acesso em: 20 dez. 2019.

[270] Conforme afirma Ana Carolina Brochado Teixeira, "não é porque são incapazes de fato que o Direito suprime o valor jurídico de sua vontade, cujo escopo é o próprio desenvolvimento humano. O que se deve medir no caso concreto é o grau do discernimento, de modo a aferir a possibilidade de 'jurisdicizar' e validar a vontade do menor". (TEIXEIRA, Ana Carolina Brochado. *Família, guarda e autoridade parental*. 2. ed. Rio de Janeiro: Renovar, 2009. p. 142).

Com isso, se o menor de dezoito anos apresenta discernimento suficiente, é defensável que lhe seja garantida autonomia para que exerça atos concernentes à sua individualidade. A transposição das regras de capacidade dispostas pela legislação, quando se trata de interesses extrapatrimoniais realizados por crianças e adolescentes dotados de discernimento, é medida que visa ao livre desenvolvimento da pessoa.

Nesse tocante, e consoante argumentação que passará a ser tecida, defende-se que às crianças e aos adolescentes pacientes terminais seja facultado o exercício de escolhas referentes ao próprio corpo – inclusive no que se refere à suspensão ou à renúncia de tratamento médico em casos de terminalidade –, desde que verificado seu discernimento para tais escolhas, como modo de tutela à sua dignidade e autonomia.

## 4.2 Crianças e adolescentes pacientes terminais e renúncia a tratamento médico

Apresentados os principais fundamentos que subjazem à temática abordada, o foco desta derradeira seção é de analisar a possibilidade de que às crianças e aos adolescentes pacientes terminais seja facultado o exercício de escolhas referentes ao próprio corpo – inclusive no que se refere à suspensão ou à renúncia de tratamento médico em casos de terminalidade –, contanto que verificado seu discernimento para escolhas deste quilate, como modo de tutela às suas dignidade e autonomia.

### 4.2.1 Morte digna e discernimento da criança ou do adolescente para renúncia ao tratamento médico: alguns casos emblemáticos sobre o tema

Fora do Brasil, não é recente o pleito de crianças e adolescentes por maior autonomia acerca de questões que tocam ao próprio corpo. São frequentes as notícias na mídia sobre menores portadores de doenças terminais que buscam suspender ou recusar o tratamento médico que lhes foi prescrito pela equipe de profissionais de saúde. Nessas questões, relacionam-se o direito à morte com dignidade e autonomia à averiguação do discernimento do menor.

No ano de 2008, os meios de comunicação noticiaram o caso da inglesa Hannah Jones – garota de 13 anos, à época, portadora de leucemia mieloide aguda. Em estado terminal e acometida por complicações cardíacas, Hannah negou a realização de transplante cardíaco, terapia indicada pela equipe médica e apta a lhe conferir algum tempo de vida.

Em que pese a decisão da menor tenha sido confirmada por seus pais, a entidade hospitalar em que estava internada resolveu averiguar seu grau de consciência quanto à escolha, concluindo que a garota tinha condições de decidir sobre a questão.[271]

Em 2014, foi noticiado o caso de outro menor inglês, portador de tipo raro de câncer, que, aos 11 anos, decidiu pela suspensão do tratamento médico. Trata-se de Reece Puddington, o qual anunciou em uma rede social que havia desistido de tratar a doença – escolha também ratificada por sua mãe.[272]

Em tais episódios, diante da impossibilidade da medicina de tratar as enfermidades em questão, e considerando que os menores estavam cientes quanto ao diagnóstico, ao prognóstico da doença e às consequências da decisão tomada, foi reconhecida a autonomia para recusa a procedimento médico e para decidir sobre a própria morte.

Cumpre frisar, no entanto, que na Inglaterra – cenário dos eventos relatados – vige desde 2005 o *Mental Capacity Act*, segundo o qual ninguém será considerado incapaz a menos que se verifique a ausência de capacidade.[273] Define o documento, ainda, que a incapacidade não é decorrência direta da idade,[274] mas estabelecida em razão da impossibilidade de compreensão acerca das informações necessárias à decisão e pela inviabilidade de comunicação da escolha.[275] De acordo com o referido Ato, ao médico cabe a análise acerca da condição da pessoa para a tomada de decisões.

---

[271] AZEVEDO, Solange. Personagem da semana: Hannah Jones – 'Quero morrer com dignidade'. *Revista* Época. São Paulo, nov. 2008. Disponível em: http://revistaepoca.globo.com/Revista/Epoca/0,,EMI17176-15215,00.html. Acesso em: 05 dez. 2020.

[272] O sítio eletrônico britânico *Daily Mail* disponibilizou matéria sobre o caso, noticiando o falecimento do garoto – ocorrido em maio de 2014. (PARRY, Lizzie. Brave bucket-list boy, 11, loses six-year-cancer battle, days after urging followers to 'keep donating for other children like me'. [S.l.], 21 maio. 2014. Disponível em: http://www.dailymail.co.uk/health/article-2634915/Please-donations-coming-Brave-bucket-list-boys-selfless-final-message-help-loses-fight-cancer.html. Acesso em: 7 nov.2020).

[273] Define o *Mental Capacity Act*, em sua seção 1, que: "(2) *A person must be assumed to have capacity unless it is established that he lacks capacity*". (REINO UNIDO. APA 6th: Department of Health. *Mental Capacity Act*. Londres: HMSO, 2005. Disponível em: http://www.legislation.gov.uk/ukpga/2005/9/contents. Acesso em: 13 nov. 2020).

[274] Na seção 2, o documento estabelece que: "(3) *A lack of capacity cannot be established merely by reference to – (a) a person's age or appearance* (...)". (Ibidem).

[275] Na seção 3, define quando alguém será considerado como incapaz para a tomada de uma decisão: "(1) *For the purposes of section 2, a person is unable to make a decision for himself if he is unable – (a) to understand the information relevant to the decision, (b) to retain that information, (c) to use or weigh that information as part of the process of making the decision, or (d) to communicate his decision (whether by talking, using sign language or any other means)*". (Ibidem).

Nos casos mencionados, a escolha dos menores foi ratificada pelos pais. Mas, mesmo que houvesse divergência, se constatado que o adolescente tinha condições de tomar a decisão de recusa ao tratamento médico, sua vontade seria prevalente. No Brasil, via de regra, o mesmo não tenderia a se concretizar. Isso, porque aqui se compreende que nas situações de menoridade o consentimento livre e esclarecido é exercido pelos representantes ou assistentes dos menores.

No ano de 2005, o Conselho Regional de Medicina do Ceará emitiu parecer acerca da situação de uma adolescente de dezessete anos, portadora de osteossarcoma de fêmur esquerdo, que recusava o tratamento prescrito pela equipe médica (amputação do membro), contrariando o consentimento prestado pelos pais.[276] No caso, a renúncia ao procedimento não traria risco iminente de vida.

De modo inovador e contrário ao que se infere do ordenamento jurídico, compreendeu o Conselho que "uma paciente de 17 anos, portadora de osteosarcoma de fêmur, tem autonomia para decidir se aceita ou não procedimentos médicos que porventura lhe sejam propostos; mesmo adolescente, tem ela a capacidade de escolher, pois lhe assiste o discernimento para entender os fatos".[277] O parecer foi fundamentado no respeito à autonomia do paciente, dever inscrito no artigo 56 do Código de Ética Médica[278] e no Estatuto da Criança e do Adolescente.

A despeito do caráter opinativo da manifestação do Conselho Regional de Medicina e de o caso não tratar de situação de terminalidade, não é possível desconsiderar a importância dos fundamentos utilizados no parecer, o qual coloca luz na impertinência da utilização das regras de capacidade para as decisões em saúde e na necessidade de análise dessas questões a partir do discernimento.

Consoante defendido ao longo do capítulo inaugural deste estudo, a definição de vida e morte dignas decorre de uma construção individual, tendo por referência os valores e projetos assumidos individualmente. As crianças e os adolescentes, como pessoas em fase de desenvolvimento, edificam a personalidade a partir das perspectivas que

---

[276] CONSELHO REGIONAL DE MEDICINA DO ESTADO DO CEARÁ. *Parecer CREMEC nº 16/2005*: O direito do paciente de recusar tratamento. Fortaleza, 26 dez. 2005. Disponível em: http://www.cremec.com.br/pareceres/2005/par1605.htm. Acesso em: 05 dez. 2020.

[277] CONSELHO REGIONAL DE MEDICINA DO ESTADO DO CEARÁ. *Parecer CREMEC nº 16/2005*: O direito do paciente de recusar tratamento. Fortaleza, 26 dez. 2005. Disponível em: http://www.cremec.com.br/pareceres/2005/par1605.htm. Acesso em: 05 dez. 2020.

[278] CONSELHO FEDERAL DE MEDICINA. Resolução nº 1.931, de 24 de setembro de 2009, *Diário Oficial da União*. Brasília, DF, 2009. Disponível em: http://www.portalmedico.org.br/resolucoes/CFM/2009/1931_2009.pdf. Acesso em: 10 out. 2020.

gradualmente adotam para a própria vida. Nesse processo continuado de formação, aqueles que não atingiram a maioridade desenvolvem seus gostos, suas opiniões, seus planos para o futuro, bem como suas escolhas profissionais, espirituais e sexuais. Em suma, constroem continuamente sua pessoalidade.

Nesse momento de tamanha complexidade, as crianças e os adolescentes acometidos por doenças terminais são levados a construir respostas também a outras questões: "O que é vida digna para mim?", "Até que momento é digno lutar contra esta doença?", "Este tratamento está de acordo com o que eu entendo por vida digna?", "O sofrimento decorrente deste procedimento médico é compensado pelos benefícios dele oriundos?", "Onde eu quero passar pela fase final da minha vida, em casa ou no hospital?".

Tais questões, de cunho tão íntimo, devem preferencialmente ser respondidas pelo próprio titular-enfermo, mesmo se tratando de paciente incapaz de acordo com as regras da legislação cível. Defende-se que apenas em situações excepcionais a escolha quanto à manutenção ou à suspensão do tratamento médico, em casos de terminalidade, podem ser tomadas por terceiros – especialmente nas situações de inconsciência ou de falta de discernimento. Nas demais circunstâncias, permitir que familiares façam esse tipo de escolha permite violações à autonomia e à dignidade.

Verificado que a criança ou o adolescente apresenta discernimento suficiente para compreender as informações prestadas pelo médico no que se refere ao diagnóstico, ao prognóstico e ao tratamento cabível e que compreende as decorrências da eventual recusa ao procedimento, deve ser facultado ao paciente menor o exercício autônomo do consentimento livre e esclarecido, afastando-se as regras do regime de capacidade. Somente se constatado que a pessoa não apresenta discernimento necessário para a decisão em saúde é que se justificam escolhas heterônomas – isto é, tomadas por pessoa diversa do titular.

Diante disso, passa-se a analisar, na sequência, a categoria da *capacidade para consentir*. Com ela, o exercício de direitos existenciais referentes à autonomia corporal se desvincula do critério da idade, de modo que o discernimento se torna o requisito para a tutela de decisões de menores nesse tocante. Calcada em critérios definidos – os quais serão objeto de investigação no tópico subsequente –, a *capacidade para consentir* se apresenta como um modo de legitimar o exercício da autonomia corporal por quem não atingiu a maioridade.

### 4.2.2 Uma possível resposta ao problema: a *capacidade para consentir*

O exercício de decisões em matéria de saúde por incapazes é temática que, fora do Brasil, é objeto de construções há algumas décadas. Uma das abordagens para o problema é a compreensão de que, ao lado da capacidade negocial, emerge a *capacidade para consentir*, destinada ao tratamento de questões em saúde.

Retomando a exposição do segundo capítulo deste trabalho, de acordo com as disposições iniciais do Código Civil, todas as pessoas são dotadas de capacidade jurídica (ou de gozo). Nem todas, no entanto, são munidas de capacidade de exercício (negocial ou de agir). Quanto a esta, as pessoas são distinguidas entre capazes e incapazes. Os incapazes, por sua vez, podem ser classificados como absolutamente ou relativamente incapazes, a depender da medida da incapacidade de fato.

Consoante já afirmado, o Código Civil vigente não empreendeu profundas alterações no regime das incapacidades em relação à legislação cível anterior. No entanto, uma importante diferença promovida pela codificação de 2002 deve ser pontuada: a sustentação do regime das incapacidades, no que se refere à condição mental, passou a se dar pela noção de discernimento. Os artigos 3º, II, e 4º, II, na versão originária, demonstraram essa opção feita pelo legislador. Ao se optar pelo discernimento como sustentáculo da capacidade, abre-se espaço para uma leitura concreta dessa categoria e também para a sua reconstrução. Explica Judith Martins-Costa, nessa esteira, que:

> O foco modificou-se para inserir um elemento de concreção, a saber, a ausência ou a redução do discernimento, abrindo caminho à reconstrução conceitual, para abrir a "capacidade para consentir" como espécie apta a atuar nas relações que envolvam a esfera existencial da pessoa.[279]

Nesse tocante, *discernir* significa a viabilidade da pessoa de fazer escolhas com base na análise dos fatos, das consequências e das circunstâncias. Não restam dúvidas, assim, de que o discernimento é fator heterogêneo, o qual somente pode ser analisado concretamente, a partir das condições funcionais e conjunturais da pessoa.[280]

---

[279] MARTINS-COSTA, Judith. Capacidade para consentir e esterilização de mulheres tornadas incapazes pelo uso de drogas: notas para uma aproximação entre a técnica jurídica e a reflexão bioética In: MARTINS-COSTA, Judith; MÖLLER, Letícia Ludwig (Org.) *Bioética e responsabilidade*. Rio de Janeiro: Forense, 2009, p. 319.

[280] *Ibidem*, p. 320.

Nas relações patrimoniais, a segurança jurídica e a necessária celeridade imposta às transações impedem a utilização do discernimento como fundamento do exercício dos atos jurídicos. Faz-se uso, então, de critérios presuntivos de capacidade, a exemplo da idade. A adoção do discernimento como critério para o exercício dos atos jurídicos ensejaria tentativas abusivas de nulidade de negócios jurídicos e uma potencial inoperabilidade do sistema.

Ocorre, no entanto, que a saúde, como situação jurídica existencial, não pode ser tutelada mediante o uso de regras com nítido caráter patrimonial.[281] É a partir dessa compreensão que se constata a insuficiência do uso da capacidade negocial quando estão em questão interesses extrapatrimoniais vinculados à vida e à saúde humanas.[282] A renúncia a tratamento médico, de acordo com o entendimento sustentado, é uma situação jurídica existencial, vinculada, assim, ao livre desenvolvimento da personalidade e à promoção da dignidade humana.

Conforme já defendido neste trabalho, em se tratando de situações jurídicas patrimoniais, o seu exercício mediante representantes ou assistentes não conduz a grandes questionamentos, pois implica a administração de bens sem envolver, via de regra, questões de foro íntimo. Diferentemente, quando a situação jurídica é de cunho existencial, permitir que seu exercício seja separado do titular conduz a violações à autonomia individual e à dignidade da pessoa.

É a partir dessa conclusão quanto à insuficiência da capacidade negocial como fundamento das situações jurídicas em matéria de saúde que a doutrina estrangeira[283] aponta a categoria da *capacidade para consentir* como "terceira esfera do gênero 'capacidade', atuando,

---

[281] É o que afirma Pietro Perlingieri: "A saúde não pode ser protegida através da utilização de normas inspiradas por uma exclusiva lógica patrimonial, nem a sua tutela pode exaurir-se em um critério ou em um corretivo do juízo de harmonização entre exigências proprietárias e aquelas da produção". (PERLINGIERI, Pietro. *Perfis do direito civil:* introdução ao direito civil constitucional. Trad. Maria Cristina de Cicco. 3. ed. Rio de Janeiro: Renovar, 2007. p. 170).

[282] MARTINS-COSTA, Judith. Capacidade para consentir e esterilização de mulheres tornadas incapazes pelo uso de drogas: notas para uma aproximação entre a técnica jurídica e a reflexão bioética *In:* MARTINS-COSTA, Judith; MÖLLER, Letícia Ludwig (Org.) *Bioética e responsabilidade.* Rio de Janeiro: Forense, 2009, p. 322.

[283] Conforme expõe André Gonçalo Dias Pereira, um dos principais doutrinadores que edificou a noção de *capacidade para consentir* e defendeu sua autonomia em relação à capacidade negocial foi o germânico Amelung. Na literatura norte-americana, Grisso e Appelbaum são apontados como estudiosos acerca do tema (PEREIRA, André Gonçalo Dias. A capacidade para consentir: um novo ramo da capacidade jurídica. *In:* FACULDADE DE DIREITO DA UNIVERSIDADE DE COIMBRA. *Comemorações dos 35 anos do Código Civil e dos 25 anos da Reforma de 1975:* A parte geral do Código e a teoria geral do direito civil, v. II. Coimbra: Coimbra Editora, 2006. p. 209-213.

portanto como um círculo distinto da capacidade jurídica, ou de gozo e da capacidade negocial, ou de exercício".[284] Tem por objeto específico a tomada de decisões sobre o próprio corpo, e por premissa, a realização do princípio da autodeterminação na maior medida possível.

Conforme explica Dias Pereira, a *capacidade para consentir* se trata de um "ramo paralelo ao da capacidade negocial, que parte do mesmo tronco, que partilha algumas preocupações, mas com finalidades distintas, com um regime que deverá ser diverso e com sistemas de representação diferentes".[285]

A utilização de aludida categoria afasta-se da taxatividade das definições legais acerca da capacidade e impõe avaliar no caso concreto, por meio de equipe multidisciplinar, se o paciente conta com o discernimento necessário para aceitar ou afastar determinada terapia. São verificados, nesse procedimento, o grau de maturidade do enfermo e a necessidade e a seriedade da intervenção.[286]

Remetendo-se à construção do doutrinador germânico Amelung, Pereira Dias expõe as exigências impostas para que se reconheça a capacidade para consentir: a capacidade de decidir acerca de valores, a capacidade de entender os fatos, a capacidade de compreensão acerca das alternativas e a capacidade de se autodeterminar a partir das informações que foram apresentadas ao paciente.[287] Ausente algum desses elementos, não pode a pessoa ser considerada capaz de consentir.

Desse modo, para que uma criança ou adolescente em estado de terminalidade possa autonomamente recusar o tratamento médico, deve ser aferida, por meio dos requisitos acima, a capacidade para consentir.

No que se refere à capacidade de decidir sobre valores, exige-se que o incapaz esteja apto a considerar os custos e benefícios da sua decisão, inclusive no que atine a seus valores pessoais. As falhas nesse primeiro requisito se dão, especialmente, por duas razões: de um lado, em virtude de doenças que afetam o sistema de valores do enfermo – o qual ora recusa, ora consente com o tratamento indicado; de outro lado,

---

[284] MARTINS-COSTA, Judith. Capacidade para consentir e esterilização de mulheres tornadas incapazes pelo uso de drogas: notas para uma aproximação entre a técnica jurídica e a reflexão bioética *In:* MARTINS-COSTA, Judith; MÖLLER, Letícia Ludwig (Org.) *Bioética e responsabilidade*. Rio de Janeiro: Forense, 2009. p. 324.

[285] PEREIRA, André Gonçalo Dias. A capacidade para consentir: um novo ramo da capacidade jurídica. *In:* FACULDADE DE DIREITO DA UNIVERSIDADE DE COIMBRA. *Comemorações dos 35 anos do Código Civil e dos 25 anos da Reforma de 1975*: a parte geral do Código e a teoria geral do direito civil, v. II. Coimbra: Coimbra Editora, 2006. p. 203-204.

[286] CORRÊA, Adriana Espíndola. *Consentimento livre e esclarecido*: o corpo objeto de relações jurídicas. Florianópolis: Conceito Editorial, 2010. p. 120.

[287] PEREIRA, André Gonçalo Dias, *op. cit.*, p. 209-213.

há os enfermos que padecem de problemas psíquicos, em razão dos quais há distorção no sistema de valores. Em mencionados casos, não pode o enfermo ser declarado como capaz para consentir.[288]

Assim, analisando especificamente a questão de crianças e adolescentes pacientes terminais que pretendem recusar a terapia indicada, deve-se verificar, acerca desse requisito, se o sistema de valores do menor se encontra conservado a despeito da doença e, além disso, se a recusa ao procedimento condiz com os valores adotados pelo menor em sua vida.

Quanto à capacidade para apreciar os fatos, trata-se da possibilidade de prever as consequências futuras de sua decisão. Para tanto, faz-se necessário que o enfermo relacione a sua escolha com os fatos que dela decorrerão, para o que se requer algum nível de inteligibilidade. Nesse sentido, quanto a criança e o adolescente em estado de terminalidade, deve ser analisado, por exemplo, se o jovem tem condições de compreender que a recusa ao tratamento médico poderá reduzir seu período final de vida.

Consta como requisito, ainda, que o enfermo esteja apto a analisar as alternativas para o seu caso, o que, na situação dos menores pacientes terminais, pode ser compreendido como a possibilidade de o jovem considerar as demais opções de tratamento para a sua enfermidade. Por fim, somente será considerado como capaz para consentir aquele que estiver apto a relacionar seus valores com seus conhecimentos – isto é, apto a se autodeterminar a partir das informações que recebeu.

A presença de tais requisitos, com efeito, requer a verificação singular da pessoa enferma. Afirma Judith Martins-Costa, nesse sentido, que:

> Para averiguar e mensurar se alguém não tem discernimento, ou a medida da redução no discernimento, deve o intérprete operar um raciocínio atento às singularidades da pessoa ("raciocínio por concreção"), diverso do que desenvolve quando a incapacidade é determinada em vista de uma condição genérica, como idade, por exemplo. Não é a pessoa como abstrato sujeito, mas é a pessoa de carne e osso, em sua concretude e em suas circunstâncias, que deverá estar no centro do raciocínio.[289]

---

[288] PEREIRA, André Gonçalo Dias. A capacidade para consentir: um novo ramo da capacidade jurídica. In: FACULDADE DE DIREITO DA UNIVERSIDADE DE COIMBRA. *Comemorações dos 35 anos do Código Civil e dos 25 anos da Reforma de 1975: a parte geral do código e a teoria geral do direito civil*, v. II. Coimbra: Coimbra Editora, 2006. p. 209-213.

[289] MARTINS-COSTA, Judith. Capacidade para consentir e esterilização de mulheres tornadas incapazes pelo uso de drogas: notas para uma aproximação entre a técnica jurídica e a

A aferição da capacidade para consentir é feita a partir de análise clínica realizada pelos profissionais da área da saúde que acompanham o paciente, sendo decorrência da própria relação estabelecida entre equipe médica e enfermo – a qual deve ser pautada pelo diálogo. O dever de informação ganha destaque nesse processo, uma vez que o adolescente paciente terminal apenas estará apto a recusar determinada terapia quando devidamente informado acerca do diagnóstico de sua doença, do prognóstico e dos tratamentos disponíveis para o caso. Necessário, para tanto, que a informação seja prestada de modo que permita aos adolescentes a sua compreensão.

A definição da capacidade para consentir é questão relativa à ética médica, realizada ao longo da relação médico-paciente. No entanto, está sujeita à análise judicial em processo no qual é aferida à capacidade do enfermo. Em tais circunstâncias, o magistrado se apoia em parecer emitido por perito.[290]

Com a adoção da capacidade para consentir, as pessoas consideradas como incapazes de acordo com a taxatividade legal, mas que demonstrem apresentar grau de discernimento no que se refere à sua condição pessoal, devem ser ouvidas em suas manifestações e merecem ter reconhecido seu poder de decisão acerca do modo como desejam conduzir suas vidas nos mais variados aspectos, na medida de sua autonomia.

Assim, se a criança ou o adolescente em estado terminal apresentar discernimento suficiente para compreender seu estado de saúde, a natureza do tratamento e as consequências do aceite e da recusa, deve ser considerado como capaz tanto para consentir quanto para dissentir.[291]

Na hipótese de ser constatada a ausência de capacidade para consentir ou dissentir da criança ou do adolescente em estado terminal, ou seja, não havendo mínima possibilidade do exercício da autodeterminação, há necessidade de suprimento da incapacidade por meio da

---

reflexão bioética *In:* MARTINS-COSTA, Judith; MÖLLER, Letícia Ludwig (Org.) *Bioética e responsabilidade*. Rio de Janeiro: Forense, 2009. p. 326.

[290] PEREIRA, André Gonçalo Dias. A capacidade para consentir: um novo ramo da capacidade jurídica. *In:* FACULDADE DE DIREITO DA UNIVERSIDADE DE COIMBRA. *Comemorações dos 35 anos do Código Civil e dos 25 anos da Reforma de 1975*: a parte geral do código e a teoria geral do direito civil, v. II. Coimbra: Coimbra Editora, 2006. p. 216.

[291] PEREIRA, André Gonçalo Dias. Novos desafios da responsabilidade médica: uma proposta para o Ministério Público. *Revista do Ministério Público do Estado do Paraná*, Curitiba, v. 3, n. 2, jul./dez. 2004, p. 47-48, dez. 2004.

representação ou da assistência, a depender da idade da pessoa. Nessa situação, o consentimento presumido ou a autorização por representante legal torna-se justificável e necessário.

No entanto, ainda assim, não é possível que decisões heterônomas sejam tomadas em completa desconsideração quanto ao incapaz. Nos termos de André Gonçalo Pereira Dias, nesses casos, "(...) a heteronomia não intervém livremente, antes se encontra sempre em dialéctica permanente com a autonomia daquele concreto paciente".[292]

Mesmo que o enfermo não se encontre em estado que lhe permita tomar decisões acerca do tratamento de saúde a que será submetido, seus desejos e manifestações dadas ao longo da vida são levados em consideração para que a decisão seja tomada por representantes. É possível afirmar, assim, que pela capacidade para consentir é considerada a autonomia remanescente do paciente, visando, na maior medida possível, a garantia do livre desenvolvimento da personalidade.

Com o fito de serem ao máximo evitadas as decisões heterônomas, tornou-se defensável a utilização do *testamento vital*, instrumento pelo qual se viabiliza que decisões autônomas do paciente sejam antecipadas e tenham efeito em momento de impossibilidade de manifestação de vontade. Em suma, trata-se do documento pelo qual a pessoa, em estado de lucidez, predetermina seus desejos em matéria de assistência médica, os quais deverão ser levados a cabo na hipótese de o indivíduo perder sua capacidade decisória.

Na sequência, serão tecidos breves apontamentos sobre esse instrumento e verificar-se-á, a partir das considerações traçadas acerca da *capacidade para consentir*, a possibilidade de ser reconhecida validade às declarações prévias das crianças e dos adolescentes pacientes terminais.

---

[292] PEREIRA, André Gonçalo Dias. A capacidade para consentir: um novo ramo da capacidade jurídica. In: FACULDADE DE DIREITO DA UNIVERSIDADE DE COIMBRA. *Comemorações dos 35 anos do Código Civil e dos 25 anos da Reforma de 1975*: a parte geral do código e a teoria geral do direito civil, v. II. Coimbra: Coimbra Editora, 2006. p. 203-204.

### 4.2.3 Crianças e adolescentes como autores de *testamento vital*: são válidas as declarações prévias de vontade formulada por incapazes?

Por intermédio das declarações prévias do paciente terminal,[293] há a possibilidade de se estender o alcance da recusa a tratamento médico para futuras situações de inaptidão para tomada de decisões. Consoante explicação de Fachin *et al.*:

> O objetivo de tais expressões jurídicas é justamente proteger a dignidade humana do enfermo terminal ou daquele que, diante de diagnóstico médico preciso, esteja diante de circunstância tolhedora de suas potencialidades humanas racionais.[294]

Enquanto o consentimento livre e esclarecido é uma expressão da autonomia pessoal, o *testamento vital* é expressão de uma autonomia prospectiva – que representa uma autonomia ampliada.[295] Pelas declarações prévias, a pessoa pode proceder à recusa a tratamento médico anteriormente, para a eventualidade de se tornar um paciente terminal e de estar sem condições de consentir ou dissentir com a terapia. Por esse documento, torna-se possível ao paciente em estado terminal e que está em estado de inconsciência morrer nas condições que julga dignas.[296]

---

[293] Uma das principais polêmicas que envolve o documento pelo qual o paciente determina os tratamentos que lhe serão aplicados caso esteja sem lucidez diz respeito à terminologia empregada, sendo que a nomenclatura *testamento vital* é objeto de diversas críticas. Nesse sentido, tem-se o posicionamento de Luciana Dadalto, para quem tal forma de designação é inadequada, entendendo que o termo *declaração prévia do paciente terminal* reflete com mais precisão o instrumento em análise. Afirma mencionada autora que "(...) testamento vital (...) não é a melhor denominação, vez que remete ao instituto do testamento, negócio jurídico unilateral de eficácia *causa mortis*, o que, de todo, não *é* adequado". Acolhe-se, neste estudo, a crítica feita pela doutrinadora e adota-se a terminologia *diretivas antecipadas de vontade*, abreviada pela sigla DAV, que abrange tanto a *declaração prévia do paciente terminal* quanto a nomeação de procurador de cuidados de saúde (DADALTO, Luciana. Testamento vital. 3. ed. São Paulo: Atlas, 2015. p. 02-03).

[294] FACHIN, Luiz Edson *et al. Testamento vital ou declaração de vontade antecipada*: limites e possibilidades das declarações de vontade que precedem à incapacidade civil. [S.l.: s.n.], 2013. Disponível em: http://fachinadvogados.com.br/artigos/Testamento%20vital.pdf. Acesso em: 14 nov. 2020.

[295] GONZÁLEZ, Miguel Angel Sánchez. Um novo testamento: testamentos vitais e diretivas antecipadas. Trad. Diaulas Costa Ribeiro. *In*: BASTOS, Elenice Ferreira; LUZ, Antônio Fernandes da (Coord.). *Família e jurisdição II*. Belo Horizonte: Del Rey, 2005. p. 92.

[296] De acordo com Anderson Schreiber, "denomina-se testamento biológico (ou testamento vital, tradução literal da expressão norte-americana *living will*) o instrumento por meio do qual a pessoa manifesta, antecipadamente, sua recusa a certos tratamentos médicos, com o propósito de escapar ao drama terminal vivido por pacientes incapazes de exprimir a

Com a declaração prévia, apenas os tratamentos extraordinários podem ser afastados, mantendo-se a respiração, a alimentação e a hidratação em todos os casos. Evidencia-se, desse modo, que esse instrumento não se presta à eutanásia, mas à tutela do direito de morrer com dignidade.[297]

Somente é possível considerar a morte como digna quando é possibilitado ao enfermo decidir sobre como deseja passar pelo último estágio de sua vida, tendo em vista que o processo de morrer integra os projetos individuais das pessoas. Ana Carolina B. Teixeira e Luciana Dadalto Penalva afirmam que o paciente deve ser incentivado a participar do processo de escolhas que permeiam a fase final da vida:

> Sem dúvida, vida com qualidade e dignidade impõe participação ativa, dentro do que for possível em termos de discernimento, do paciente no tratamento. Não pode o paciente ser aprisionado dentro de visões paternalistas e estigmatizantes, infantilizando-o e agravando as dificuldades já inerentes ao processo de morrer. Ao contrário, é preciso que ele seja encorajado a participar – pela equipe médica, pela família e pelos amigos – para que se sinta parte do processo das escolhas que sempre fez ao longo da vida. Isso significa potencializar sua dignidade, pois o paciente, mesmo em estado de terminalidade, ainda pode ter alguma condição psíquica de decidir sobre aspectos da própria vida.[298]

Essas escolhas referentes aos projetos individuais sobre o processo final da vida, por intermédio das diretivas antecipadas, podem ser realizadas em momento no qual o paciente se encontra lúcido e consciente, a fim de terem efeitos em eventual circunstância de ausência de discernimento.

Se, de um lado, as diretivas antecipadas podem assegurar decisões autônomas para situações de incapacidade quando aplicadas corretamente, tornando-se instrumento de satisfação dos pacientes e de alívio aos familiares, de outro, apresentam riscos. Isso, porque a

---

sua vontade". (SCHREIBER, Anderson. Direitos da personalidade. 2. ed. São Paulo: Atlas, 2013. p. 61-62).

[297] Luciana Dadalto Penalva afirma que "apenas disposições que digam respeito à rejeição de tratamentos fúteis serão válidas, por exemplo: não entubação, não realização de traqueostomia, suspensão de hemodiálise, ordem de não reanimação, entre outros". (DADALTO, Luciana. Testamento vital. 3. ed. São Paulo: Atlas, 2015. p. 182).

[298] TEIXEIRA, Ana Carolina Brochado; PENALVA, Luciana Dadalto. Terminalidade e autonomia: uma abordagem do testamento vital no direito brasileiro. In: PEREIRA, T. S.; MENEZES, R. A., BARBOZA, H. H. (Coord.). Vida, morte e dignidade humana. Rio de Janeiro: GZ Editora, 2010. p. 64.

elaboração dessa modalidade de documento requer efetivo processo de informação e de esclarecimento do enfermo. Ainda, se aplicadas sem as devidas garantias, podem gerar insegurança ao médico no momento de acatá-las, sob o risco de responsabilização judicial.[299]

No Brasil, as diretivas antecipadas foram regulamentadas pela Resolução nº 1.995/2012 do Conselho Federal de Medicina, a qual definiu o dever dos médicos de respeitar os desejos expressos pelos enfermos em tais instrumentos.[300] É de se ressaltar, no entanto, que aludida regulamentação vincula apenas a classe médica, tendo em vista que foi elaborada por entidade profissional.

Ao se examinar a Resolução nº 1.995/2012, verifica-se que em seus parcos três artigos não foram previstos os requisitos para a elaboração das diretivas antecipadas de vontade. Anderson Schreiber, sobre essa omissão, afirma que:

> Em boa hora, o Conselho Federal de Medicina deixou de estabelecer requisitos formais para a elaboração das diretivas antecipadas de

---

[299] GONZÁLEZ, Miguel Angel Sánchez. Um novo testamento: testamentos vitais e diretivas antecipadas. Trad. Diaulas Costa Ribeiro. *In:* BASTOS, Elenice Ferreira; LUZ, Antônio Fernandes da (Coord.). *Família e jurisdição II.* Belo Horizonte: Del Rey, 2005. p. 92.

[300] Consta na Resolução nº 1.995/2012 que o Conselho Federal de Medicina resolve:
"Art. 1º Definir diretivas antecipadas de vontade como o conjunto de desejos, prévia e expressamente manifestados pelo paciente, sobre cuidados e tratamentos que quer, ou não, receber no momento em que estiver incapacitado de expressar, livre e autonomamente, sua vontade.
Art. 2º Nas decisões sobre cuidados e tratamentos de pacientes que se encontram incapazes de comunicar-se, ou de expressar de maneira livre e independente suas vontades, o médico levará em consideração suas diretivas antecipadas de vontade.
§1º Caso o paciente tenha designado um representante para tal fim, suas informações serão levadas em consideração pelo médico.
§2º O médico deixará de levar em consideração as diretivas antecipadas de vontade do paciente ou representante que, em sua análise, estiverem em desacordo com os preceitos ditados pelo Código de Ética Médica.
§3º As diretivas antecipadas do paciente prevalecerão sobre qualquer outro parecer não médico, inclusive sobre os desejos dos familiares.
§4º O médico registrará, no prontuário, as diretivas antecipadas de vontade que lhes foram diretamente comunicadas pelo paciente.
§5º Não sendo conhecidas as diretivas antecipadas de vontade do paciente, nem havendo representante designado, familiares disponíveis ou falta de consenso entre estes, o médico recorrerá ao Comitê de Bioética da instituição, caso exista, ou, na falta deste, à Comissão de Ética Médica do hospital ou ao Conselho Regional e Federal de Medicina para fundamentar sua decisão sobre conflitos éticos, quando entender esta medida necessária e conveniente.
Art. 3º Esta resolução entra em vigor na data de sua publicação. (CONSELHO FEDERAL DE MEDICINA. Resolução nº 1.995, de 31 de agosto de 2012, *Diário Oficial da União.* Brasília, DF, 2012. Disponível em: http://www.portalmedico.org.br/resolucoes/CFM/2012/1995_2012.pdf. Acesso em: 20 out. 2020).

vontade, limitando-se a aludir ao "conjunto de desejos, prévia e expressamente manifestados pelo paciente".[301]

Tendo em vista que o Conselho Federal de Medicina não tem competência para legislar e considerando ser o *testamento vital* um negócio jurídico, afirma-se a necessidade de a manifestação adequar-se aos requisitos previstos pelo artigo 104 do Código de Direito Civil – agente capaz, objeto lícito, possível, determinado ou determinável e forma prescrita ou não defesa em lei.[302] Emerge, então, a compreensão de que as diretivas antecipadas de vontade somente podem ser redigidas por quem ostenta capacidade, nos termos dos artigos 3º e 4º da legislação civil, afastando-se a possibilidade de que crianças e adolescentes as elaborem.

Ocorre, no entanto, que o critério da legitimidade das diretivas antecipadas de vontade deve ser o discernimento para a tomada de decisão, e não mais a capacidade civil,[303] tendo em vista que o regime das incapacidades não se mostra apto a regular o exercício de interesses extrapatrimoniais – consoante defendido ao longo deste estudo.

Os enfermos em situação terminal tendem a se submeter a diversas limitações em virtude da doença e também em razão dos tratamentos que lhes são aplicados. Tais condições, com efeito, "podem subverter-lhe o consentimento, que não é mais livre: está comprometido pela dor, pelo desconhecimento, pela incerteza a respeito de seu destino".[304] No entanto, de acordo com a sistemática do Código Civil, a incapacidade é exceção, e as hipóteses para sua perda são restritivas. Assim, na lógica codificada, somente após processo de interdição pode o paciente terminal ser representado e ter suas decisões tomadas por terceiros.

Em outro giro, há casos de pacientes terminais classificados como incapazes, de acordo com a legislação, que apresentam discernimento suficiente para tomarem decisões acerca do próprio corpo e da própria

---

[301] SCHREIBER, Anderson. *Direitos da personalidade*. 2. ed. São Paulo: Atlas, 2013. p. 62.

[302] É o caso, a título de exemplo, de Roberto Dias, para quem o testamento vital, a fim de que seja considerado válido, deve reverenciar os requisitos do dispositivo 104 do Código Civil (DIAS, Roberto. *O direito fundamental à morte digna*: uma visão constitucional da eutanásia. Belo Horizonte: Editora Fórum, 2012. p 194).

[303] DADALTO, Luciana. Capacidade *versus* discernimento: quem pode fazer diretivas antecipadas de vontade? *In:* DADALTO, Luciana. (Coord.). *Diretivas antecipadas de vontade*: ensaios sobre o direito à autodeterminação. Belo Horizonte: Letramento, 2013. p. 226.

[304] MEIRELLES, Jussara Maria Leal de; TEIXEIRA, Eduardo Didonet. Consentimento livre, dignidade e saúde pública: o paciente hipossuficiente. *In:* RAMOS, Carmem Lúcia Nogueira *et al.* (Org.). *Diálogos sobre direito civil*: construindo uma racionalidade contemporânea. Rio de Janeiro: Renovar, 2002. p. 348.

saúde. Evidencia-se, com isso, a impertinência da utilização das regras de capacidade dispostas pelo Código Civil em relação às escolhas de tratamentos médicos a serem ministrados ao longo da fase final da vida dos enfermos terminais.

Com efeito, o discernimento deve ser adotado como requisito para decisões em saúde, superando-se a escolha pela capacidade de fato. Se o paciente apresenta capacidade para consentir – isto é, condições de entender a informação material, de fazer um julgamento quanto à informação a partir de seus valores, de buscar um resultado específico e de comunicar com liberdade o seu desejo –[305] cumpre ser-lhe facultada a tomada de decisões individualmente.

Nessa linha de raciocínio, constatado que a criança ou o adolescente apresenta capacidade para consentir, de acordo com os critérios analisados no tópico acima, devem ser asseguradas as disposições de última vontade do menor.

A maior parte dos países que legislou acerca das diretivas antecipadas de vontade vinculou-se à teoria clássica das incapacidades, determinando que apenas os maiores de dezoito anos em plenas faculdades mentais podem recusar tratamentos médicos e definir as condições do derradeiro período da vida por meio do instrumento.[306] Diferentemente, as comunidades autônomas de Aragon, Catalunha e La Rioja afastaram-se do critério da capacidade e adotaram o discernimento como requisito para elaboração do documento, garantindo ao menor que conta com capacidade para consentir a possibilidade de redigir suas diretivas antecipadas.[307]

Com efeito, essa última previsão se mostra a mais adequada, uma vez que muitas crianças e adolescentes apresentam plenas condições intelectuais e volitivas para definir o modo como entendem

---

[305] NAVES, Bruno Torquato de Oliveira; SÁ, Maria de Fátima Freire de. Da relação jurídica médico-paciente: dignidade da pessoa humana e autonomia privada. In: SÁ, Maria de Fátima Freire de (Org.). *Biodireito*. Belo Horizonte: Del Rey, 2002, v. 1. p. 119-120.

[306] Consoante explica Luciana Dadalto, é o exemplo (i) de Portugal – que definiu, por meio da Lei nº 25/2012, que um dos critérios para realização de *testamento vital* é a maioridade; (ii) dos Estados Unidos, que também adota o critério etário objetivo para a confecção do documento, e (iii) da Espanha, que dispõe na Lei nº 41/2002 a necessidade de maioridade do outorgante. (DADALTO, Luciana. Capacidade *versus* discernimento: quem pode fazer diretivas antecipadas de vontade? In: DADALTO, Luciana. (Coord.). *Diretivas antecipadas de vontade*: ensaios sobre o direito à autodeterminação. Belo Horizonte: Letramento, 2013. p. 228-229).

[307] DADALTO, Luciana. Capacidade *versus* discernimento: quem pode fazer diretivas antecipadas de vontade? In: DADALTO, Luciana. (Coord.). *Diretivas antecipadas de vontade*: ensaios sobre o direito à autodeterminação. Belo Horizonte: Letramento, 2013. p. 228-229.

digno passar pelo último momento de vida. Verifica-se, assim, que a adoção da categoria da *capacidade para consentir* enseja a possibilidade de crianças e adolescentes formularem suas diretivas antecipadas de vontade, desde que constatadas concretamente suas condições para tanto. A preferência, no que atine às questões sobre o próprio corpo, deve ser dada às decisões autônomas e, em razão disso, merecem ser ao máximo consideradas as disposições da própria pessoa.

### 4.2.4 Os limites da aplicação da *capacidade para consentir* às crianças e aos adolescentes brasileiros

Compreendida a categoria da *capacidade para consentir*, pela qual é possível valorizar, na maior medida possível, a autonomia dos incapazes em situação de terminalidade para realização de atos de saúde, torna-se necessário, neste momento, verificar os limites da sua utilização para as crianças e os adolescentes brasileiros.

Consoante esposado, a categoria discutida neste trabalho vem sendo desenvolvida doutrinariamente há algumas décadas no contexto europeu – especialmente na Alemanha e, mais recentemente, em Portugal. Em países de tradição anglo-saxã, como a Inglaterra, as questões referentes à autonomia corporal dos adolescentes são analisadas a partir da teoria do *menor maduro*,[308] a qual apresenta propósito semelhante ao da ora estudada: proceder à verificação empírica do discernimento do menor e permitir-lhe a tomada de decisões em temas de saúde, com vistas à promoção de sua autonomia e dignidade.

É de se frisar, no que se refere aos casos de Hannah Jones e de Reece Puddington, mencionados no início deste capítulo, tratar-se ambas de situações localizadas no Reino Unido, em que os direitos à educação e à saúde não são marcados pela desigualdade e pela

---

[308] Sobre o tema, merece atenção a dissertação de mestrado de Reinaldo Santos de Moraes, intitulada "A teoria do 'menor maduro' e seu exercício nas questões referentes *à* vida e *à* saúde: uma apreciação da situação brasileira". (MORAES, Reinaldo Santos de. *A teoria do 'menor maduro' e seu exercício nas questões referentes à vida e à saúde*: uma apreciação da situação brasileira. 2011. 231 f. Dissertação (Mestrado em Direito) – Faculdade de Direito, Universidade Federal da Bahia, Salvador, 2011. Disponível em: https://repositorio.ufba.br/ri/handle/ri/10774. Acesso em: 03 dez. 2020).

insuficiência.[309] Diferente não é a situação de países como a Alemanha[310] e Portugal,[311] nos quais as condições das crianças e dos adolescentes implica uma menor vulnerabilidade, considerando a garantia àquilo que se configura como mais básico.

Impõe-se, todavia, considerar os limites da adoção da teoria da *capacidade para consentir* aos menores no Brasil, especialmente em decorrência da particular condição de vulnerabilidade dos jovens em nosso país, que é caracterizado por tamanha desigualdade social e pela carência dos sistemas públicos de educação e de saúde. Garantir às crianças e aos adolescentes o exercício de decisões acerca de temas que lhes sejam íntimos – propósito que pode ser imputado à *capacidade para consentir* – é processo que requer a garantia de condições que lhes permitam a autodeterminação.

Conforme se passa a demonstrar, a utilização, no Brasil, da categoria analisada é fortemente limitada por duas razões: pela deficiência e desigualdade do sistema de educação – fator esse que mitiga as condições de discernimento e de autodeterminação daqueles que não atingiram a maioridade – e pela insuficiência do sistema de saúde – do qual serão exigidas análises casuísticas dos menores caso adotada a teoria da *capacidade para consentir*.

---

[309] Deve-se mencionar que o Índice de Desenvolvimento Humano do Reino Unido em 2012 era de 0,875. 99% da população foi alfabetizada. (CENTRAL INTELLIGENCE AGENCY. *The World Factbook*. 2013-14. Washington, DC. Disponível em: https://www.cia.gov/library/publications/the-world-factbook/fields/2103.html#xxO. Acesso em: 13 jan. 2019). O acesso a instalações de saúde, no ano de 2011, cobria a totalidade da população urbana e rural. Lá funciona o *National Health Service*, sistema público de saúde disponível aos residentes regulares e que oferece, em sua quase totalidade, serviços médicos gratuitos. Conforme estudo promovido pela OMS, "em se falando de assegurar a qualidade e a segurança dos serviços prestados, o NHS é reconhecido como exemplo de eficiência". (ORGANIZAÇÃO MUNDIAL DA SAÚDE (OMS). *Guia de estudos*: Sinus 2014. Disponível em: http://sinus.org.br/2014/wp-content/uploads/2013/11/OMS-Guia-Online.pdf. Acesso em: 03 jan. 2020).

[310] No que se refere à educação, dados demonstram a qualidade do sistema alemão: 99% da população sabe ler e escrever. (CENTRAL INTELLIGENCE AGENCY, *op. cit.* Acesso em: 13 jan. 2019). Quanto à saúde, dados da OMS demonstram que o acesso a instalações sanitárias, na Alemanha, era de 100% no ano de 2011. As despesas governamentais em saúde representam 11,1% do Produto Interno Bruto do país. Lá, a garantia da saúde é baseada em um sistema obrigatório de seguro, que pode ser tanto público quanto privado. Conforme consta no estudo da Organização Mundial de Saúde, "o sistema de saúde da Alemanha é financiado por um sistema de contribuições sociais que assegura assistência médica gratuita para todos por meio de seguros sociais de saúde". (ORGANIZAÇÃO MUNDIAL DA SAÚDE (OMS), *op. cit.* Acesso em: 03 jan. 2020).

[311] Os dados sobre educação apontam a qualidade do sistema de Portugal: 95,5% da população sabe ler e escrever. No que se refere à saúde, o relatório anteriormente mencionado apontou que as despesas do governo na área da saúde reúnem 10,4% do PIB, e o acesso a instalações sanitárias, em 2011, também era de 100%. Em que pese a crise econômica sofrida pelo país, o estudo aponta o sistema de saúde português como *universal* e *de excelente qualidade*.

No Brasil, país em que a educação pública não atinge resultados satisfatórios e no qual a educação privada é privilégio de uma minoria,[312] torna-se muito mais complexo que menores reúnam condições de se autodeterminar em situações como as ora debatidas. Conforme já apontado, a aquisição da autonomia pelos infantes é heterogênea e está vinculada ao processo educacional ao qual estão submetidos.

Não há dúvidas de que a educação do menor é realizada tanto na escola quanto fora dela. No entanto, deve-se considerar o fato de que os principais conceitos são aprendidos dentro da instituição de ensino, local em que a criança e o adolescente são instados a pensar e a debater acerca das mais diversas situações que permeiam a vida em sociedade.

Ao se falar em educação, refere-se também à educação em saúde e à educação em direitos humanos. É especialmente no ambiente escolar que os adolescentes podem ter acesso às principais informações acerca de sexualidade, de gênero, de gravidez na juventude, de doenças sexualmente transmissíveis e de métodos contraceptivos. É também dentro da escola que crianças e adolescentes são informados acerca de seus direitos políticos e sociais.

No entanto, relatórios referentes à condição da educação brasileira demonstram sua deficiência. Dados divulgados no mês de janeiro de 2016 demonstraram que, em todo o Brasil, 2,8 milhões de crianças e adolescentes estão fora da escola. Tal número representa 6,2% dos brasileiros que estão na faixa entre quatro e dezessete anos.[313] O afastamento da escola atinge especialmente os adolescentes. São diversas as causas apontadas para a evasão escolar na adolescência: isolamento geográfico e carência do sistema de transporte público escolar,[314] pobreza

---

[312] O Censo Escolar da Educação Básica de 2019 revela que, apesar de crescente o número de alunos matriculados em instituições de ensino particulares, mais de 80% dos alunos da educação básica (Educação Infantil, Ensino Fundamental e Ensino Médio) frequentam escolas da rede pública. De acordo com a pesquisa, a rede privada obtém 19,1% das matrículas. (INSTITUTO NACIONAL DE ESTUDOS E PESQUISAS EDUCACIONAIS ANÍSIO TEIXEIRA. *Censo da Educação Básica 2019*: resumo técnico. Brasília, DF: O Instituto, 2020. Disponível em: http://portal.inep.gov.br/documents/186968/484154/RESUMO+T%-C3%89CNICO+-+CENSO+DA+EDUCA%C3%87%C3%83O+B%C3%81SICA+2019/586c8b-06-7d83-4d69-9e1c-9487c9f29052?version=1.0. Acesso em: 06 dez. 2020).

[313] Esse é o resultado do levantamento divulgado no dia 19/01/2016 pelo movimento "Todos pela Educação", o qual se baseou em dados da Pnad (Pesquisa Nacional por Amostra de Domicílios) de 2014. (TODOS PELA EDUCAÇÃO. *Meta 1 do Todos pela Educação*. São Paulo: Todos Pela Educação, 2016. Disponível em http://www.todospelaeducacao.org.br/biblioteca/1532/meta-1---dados. Acesso em: 06 dez.2020).

[314] Em 2012, o Censo Escolar constatou que dos 6 milhões de crianças e adolescentes matriculados em escolas da zona rural, 3,6 milhões não eram atendidos por sistemas de transporte escolar público, quase 60% do total. Tal informação consta no relatório feito pela UNICEF acerca da exclusão escolar no Brasil (FUNDO DAS NAÇÕES UNIDAS PARA A

e consequente necessidade de trabalhar para colaborar no sustento da família, reprovações, preconceito racial, maternidade e paternidade na adolescência entre diversas outras.

Para além da exclusão, deve-se considerar que o currículo escolar brasileiro tende a ser estático e nem sempre interessante aos alunos, revelando-se muitas vezes como mero conjunto de conteúdo a lhes ser repassado. Ao serem priorizadas as disciplinas tradicionais, deixam de ser incluídos na grade escolar momentos para debates e para vivência prática dos conhecimentos aprendidos em sala de aula. Com efeito, os conteúdos são usualmente oferecidos aos estudantes de modo descontextualizado, diante do que, via de regra, não é despertado no aluno o senso crítico acerca do que lhe é ensinado.

Como se vê, a educação não é um direito integralmente assegurado às crianças e aos adolescentes brasileiros, em que pese garantido constitucionalmente. A situação deficitária da educação brasileira mitiga o pleno desenvolvimento dos infantes no Brasil, que, em razão disso, têm menos condições de compreender as questões que dizem respeito à sociedade e à sua própria vida. A educação é elemento necessário para que o jovem contorne suas vulnerabilidades e, ao ser maculado, a condição de vulnerável do jovem é agravada.

Outro direito social que não é integralmente garantido às crianças e aos adolescentes brasileiros é o direito à saúde, não obstante conste no rol do artigo 227 da Constituição Federal. É cediço que a saúde não é apenas o oposto de doença, representando, em verdade, "um estado completo de bem-estar físico, mental e social (...)".[315] A essencialidade do direito à saúde está vinculada à sua necessidade para garantia do direito à vida.

Para além de direito especial da personalidade,[316] de acordo com a previsão do artigo 6º da Constituição Federal, a saúde é direito

---

INFÂNCIA (UNICEF). O *enfrentamento da exclusão escolar no Brasil*. Brasília, DF: UNICEF, Campanha Nacional pelo Direito à Educação, 2014. Disponível em: http://www.unicef.org/brazil/pt/br_enfrentamento_exclusao_escolar.pdf. Acesso em: 06 dez. 2020).

[315] Este é o conteúdo do parágrafo segundo do preâmbulo da Constituição da Organização Mundial de Saúde – OMS (ORGANIZAÇÃO MUNDIAL DE SAÚDE. *Constituição da Organização Mundial de Saúde*. Nova Iorque: 1946. Disponível em: http://www.direitoshumanos.usp.br/index.php/OMS-Organiza%C3%A7%C3%A3o-Mundial-da-Sa%C3%BAde/constituicao-da-organizacao-mundial-da-saude-omswho.html. Acesso em: 28 nov. 2020).

[316] De acordo com Elimar Szaniawski, "(...) o direito à saúde constitui-se, com muito maior evidência, como um direito especial de personalidade diretamente vinculado ao direito à qualidade de vida. A vida (...) deve ser vivida com um mínimo de qualidade, e sem saúde essa qualidade de vida desaparece. Por estas razões, revela-se o direito à saúde como um direito especial de personalidade". (SZANIAWSKI, Elimar. *Direitos da personalidade e sua tutela*. 2. ed. atual. e ampl. São Paulo: Revista dos Tribunais, 2005. p. 170).

fundamental social. Para sua concretização, requer do Estado atuação de cunho positivo. Nesse sentido, está definido constitucionalmente, por meio do artigo 196, que a garantia do direito à saúde deve se dar por meio de políticas sociais e econômicas que visem à redução do risco de doença e de outros agravos e ao acesso universal e igualitário às ações e aos serviços para sua promoção, proteção e recuperação.[317]

Ao serem analisados os dados referentes à saúde brasileira, verificam-se importantes melhorias nesse tocante nas últimas décadas.[318] Ocorre, no entanto, que a saúde, no Brasil, ainda é direito insuficientemente tutelado.[319] O acesso à saúde, em nosso país, é marcado pela desigualdade regional. A média nacional de médicos e enfermeiros para cada mil habitantes é de 3,1. Nas regiões Sul e Sudeste, esse número é de 3,7, enquanto que no Norte e no Nordeste esse número é, respectivamente, de 1,9 e 2,4.[320]

A adoção da categoria da *capacidade para consentir* exige, consoante já pontuado, a análise casuística dos enfermos tidos por incapazes por equipe multidisciplinar, formada por médicos, psicólogos, enfermeiros e assistentes sociais. É certo, no entanto, que em um país no qual os números de profissionais de saúde indicam a deficiência e a desigualdade no acesso, a utilização de aludida categoria é obstada ou, ao menos, limitada.

---

[317] BRASIL. Constituição [1988]. Constituição da República Federativa do Brasil. *Diário Oficial da União*, Brasília, DF, 05 out. 1988.

[318] De acordo com os dados coletados pela Pesquisa Nacional de Saúde de 2013, divulgados pelo IBGE no mês de junho de 2015, do universo de 30,7 milhões de pessoas, as quais buscaram algum atendimento de saúde nas duas semanas anteriores à data da pesquisa, 97% afirmaram ter sido atendidas e 95,3% foram atendidas já na primeira ocasião em que procuraram o serviço. Dentre aqueles que não conseguiram atendimento na primeira tentativa, 38,8% afirmaram que não havia disponibilidade de médicos e 32,7% alegaram não ter conseguido vaga ou senha". (INSTITUTO BRASILEIRO DE GEOGRAFIA E ESTATÍSTICA. *Acesso e utilização dos serviços de saúde, acidentes e violências*. Rio de Janeiro: 2015. Disponível em: http://biblioteca.ibge.gov.br/visualizacao/livros/liv94074.pdf. Acesso em: 28 nov. 2020).

[319] A carência do saneamento básico é elemento que corrobora essa afirmação. Pouco mais de 60% das residências brasileiras apresentam esgotamento sanitário. No que se refere à coleta de lixo, mais de 10% da população nacional não é contemplada pelo serviço. Menos de 45% da população brasileira, de acordo com os dados coletados em 2013, foram ao dentista no ano anterior à pesquisa. (INSTITUTO BRASILEIRO DE GEOGRAFIA E ESTATÍSTICA. *Acesso e utilização dos serviços de saúde, acidentes e violências*. Rio de Janeiro: 2015. Disponível em: http://biblioteca.ibge.gov.br/visualizacao/livros/liv94074.pdf. Acesso em: 28 nov. 2020).

[320] A informação consta no Comunicado nº 129 do IPEA, o qual divulgou dados sobre a desigualdade por estado de acesso à saúde, educação, cultura entre outros. (INSTITUTO DE PESQUISA ECONÔMICA APLICADA. *Comunicados do IPEA nº 129*. Brasília, DF, 10 jan. 2012. Disponível em: http://www.ipea.gov.br/portal/images/stories/PDFs/comunicado/120110_comunicadoipea129.pdf. Acesso em: 16 nov. 2020).

A partir análise de tais dados, verifica-se a dificuldade em se falar na concretização do direito à saúde e à educação no Brasil, o que, por si só, reduz as possibilidades de crianças e adolescentes desenvolverem sua capacidade para decidir acerca do seu processo de fim de vida. Essa é a conclusão de Reinaldo Santos de Moraes, a qual merece ser pontuada:

> Não há que se falar em direito à saúde do menor quando não há acesso ao sistema de saúde pública, onde não há acompanhamento médico adequado e quando não é possível fazer uso dos meios educacionais para que, na evolução natural, se possa propiciar capacidade para decidir sobre sua saúde ou tratamento médico.[321]

Diante disso, é possível afirmar que as crianças e os adolescentes brasileiros em estado de enfermidade são duplamente vulneráveis: pela própria doença e pelas condições socioeconômicas às quais estão submetidos – que mitigam as possibilidades de contornar as próprias vulnerabilidades. Como se vê, é limitada a possibilidade de aplicação da categoria da *capacidade para consentir* em locais como o Brasil.

Compreender a criança e o adolescente como pessoas dotadas de autonomia e de dignidade é, sem dúvidas, um grande passo. Mas não se pode perder de vista a necessidade de criação de condições efetivas para que os jovens desenvolvam a própria autonomia e dignidade.

Com efeito, a adoção da *capacidade para consentir* em detrimento da utilização das regras de capacidade legisladas representa um passo importante em direção à defesa da autonomia, bem como uma razão para serem revistas condutas paternalistas dos profissionais de saúde brasileiros. Tem-se, no entanto, que a discussão acerca dessa categoria não deve estar centralizada unicamente na contraposição entre os princípios bioéticos da beneficência e da autonomia.

A análise da questão deve ultrapassar esse binômio e ser lida, também, a partir do princípio da justiça, cujo objetivo é de "(...) garantir a distribuição justa, eqüitativa e universal dos benefícios da saúde".[322] Usualmente ofuscado nas discussões bioéticas, dada a relevância atribuída aos princípios da beneficência e da autonomia no que atine

---

[321] MORAES, Reinaldo Santos de. *A teoria do 'menor maduro' e seu exercício nas questões referentes à vida e à saúde*: uma apreciação da situação brasileira. 2011. 231 f. Dissertação (Mestrado em Direito) – Faculdade de Direito, Universidade Federal da Bahia, Salvador, 2011. p. 49. Disponível em: https://repositorio.ufba.br/ri/handle/ri/10774. Acesso em: 17 dez. 2015.

[322] SANTOS, Maria Celeste Cordeiro Leite. *O equilíbrio de um pêndulo*: bioética e a lei: implicações médico-legais. São Paulo: Ícone, 1998. p. 43.

à relação médico-paciente, esse preceito chama a atenção para a desigualdade no acesso aos bens e serviços de saúde e para a necessária garantia do mínimo existencial.

CAPÍTULO 5

# CONSIDERAÇÕES FINAIS

Concluiu-se, neste estudo, que o regime das incapacidades não se revela adequado às situações jurídicas existenciais – estas, voltadas ao *ser* –, a exemplo da recusa a tratamento médico que, na sistemática codificada, somente pode ser exercida por indivíduos maiores e em plenas condições mentais. Consoante defendido, delegar a terceiros decisões referentes ao próprio corpo permite a perpetração de violações à dignidade e à autonomia.

Uma das conclusões atingidas neste estudo foi a de que as escolhas referentes à saúde e à dignidade da morte decorrem da individualidade e dos projetos pessoais de cada um. Fundamenta-se, com isso, o direito à recusa a tratamento médico e o direito de morrer, em casos de terminalidade, de acordo com as condições que se entende dignas. Mas, enquanto aos maiores em plenas condições mentais é garantida a formulação de Termo de Consentimento Livre e Esclarecido e de Diretivas Antecipadas de Vontade para tutelar tais direitos, no que atine aos menores as decisões quanto ao próprio corpo são tomadas, via de regra, pelos representantes legais.

Focada a questão nas crianças e nos adolescentes – pessoas em fase de desenvolvimento biopsíquico –, verificou-se que seu processo de obtenção de autonomia é gradual, heterogêneo e dependente da educação à qual estão submetidos. Nesse sentido, ao longo do percurso que leva à maioridade é possível que crianças e adolescentes reúnam as condições necessárias para realizarem escolhas referentes a questões que lhes são íntimas – a exemplo de decisões de limitação de tratamento médico em casos de terminalidade, em vistas ao direito à morte digna.

Considerando, assim, que o regime das incapacidades não se mostra adequado para fundamentar o exercício de direitos existenciais, buscou-se verificar, neste estudo, se a categoria da *capacidade para consentir*, oriunda do direito estrangeiro, mostra-se apta a sustentar questões dessa natureza. Sua utilização requer dos profissionais da área da saúde e dos juristas – em especial dos magistrados – uma postura diversa, pela qual sejam analisadas as especificidades do adolescente em estado de terminalidade, com a averiguação concreta do discernimento do enfermo para escolhas existenciais.

Análises particularistas, em tais contextos, tendem a se revelar vantajosas, ainda que complexas. Isso, porque definir que a tomada de decisões nesses casos será sempre heterônoma, mesmo quando o menor apresenta autonomia suficiente, tendo por base unicamente a taxatividade da lei, obstaculiza a promoção do livre desenvolvimento da personalidade e, nos casos de terminalidade, mitiga o direito à morte com dignidade.

A adoção da categoria proposta revela-se pertinente ao projeto constitucional e à perspectiva da repersonalização do Direito Civil, pois, por intermédio dela, a criança e o adolescente passam a ser considerados de acordo com suas particularidades e potencialidades, com o intuito de conferir-lhes autonomia para o exercício de situações jurídicas referentes ao próprio corpo. Somente se atestada a ausência de condições para a realização de decisões autônomas é que são justificadas decisões heterônomas. A despeito disso, mesmo em tais casos, o representante do incapaz deve fazer a escolha levando em consideração os desejos por ele manifestados.

Verificou-se, ademais, que a análise da categoria da capacidade para consentir tende a ser feita unicamente por intermédio da contraposição entre os princípios bioéticos da beneficência e da autonomia. No entanto, em países subdesenvolvidos como o Brasil, é imprescindível que a discussão recaia, também, ao princípio da justiça. Isso, porque não se pode desconsiderar a desigualdade social enfrentada pelas crianças e pelos adolescentes especialmente no acesso à saúde e à educação. Enquanto existe, de um lado, uma minoria de infantes que frequenta excelentes instituições educacionais privadas e usufruem de planos de saúde e de atendimento na rede particular, de outro, grande parte dos jovens brasileiros desenvolve seu processo educativo na rede pública de ensino e conta unicamente com o Sistema Único de Saúde.

Em decorrência disso, e tendo em vista que o exercício da autonomia em matéria de saúde pelas crianças e pelos adolescentes depende do processo educativo e do acesso a atendimento médico – ou seja, da efetivação dos direitos à saúde e à educação –, revelou-se limitada, em nosso país, a utilização da categoria da *capacidade para consentir*. A despeito dessa crítica, sua adoção ainda se mostra vantajosa, representando um importante passo no que diz respeito à consideração das pessoas como portadoras de particularidades e de vulnerabilidades.

Não se pretendeu, nesta obra, construir uma resposta definitiva e apaziguadora à questão do exercício de decisões sobre o fim da vida por crianças e adolescentes em estado de terminalidade. A complexidade e a amplitude da questão, bem como o caráter deste estudo, exigiram recortes temáticos e a eleição de vertentes a serem seguidas. Diante da impossibilidade de trazer soluções terminativas à questão, o propósito foi o de propor questionamentos e reflexões e o de repensar a tutela conferida pelo nosso ordenamento à pessoa e à sua dignidade e autonomia.

# REFERÊNCIAS

AGAMBEN, Giorgio. *O poder soberano e a vida nua*: 'homo hacer'. Tradução Antônio Guerreiro. Lisboa: Editorial Presença, 1998.

AMARAL, Francisco. *Direito civil*: introdução. 8. ed. rev., atual. e aum. Rio de Janeiro: Renovar, 2014.

ANDRADE, Manuel Augusto Domingues de. *Teoria geral da relação jurídica*: sujeitos e objeto. v. I, reimp. Coimbra: Livraria Almedina, 1992.

ARIÈS, Philippe. *História da morte no Ocidente*: da Idade Média aos nossos dias. Trad. Priscila Viana de Siqueira. Edição especial. Rio de Janeiro: Nova Fronteira, 2012.

ASCENSÃO, José de Oliveira. A dignidade da pessoa e o fundamento dos direitos humanos. *In*: RIBEIRO, Gustavo Pereira Leite; TEIXEIRA, Ana Carolina Brochado. *Bioética e direitos da pessoa humana*. Belo Horizonte: Del Rey, 2011.

ASCENSÃO, José de Oliveira. A terminalidade da vida. *In*: TEPEDINO, Gustavo; FACHIN, Luiz Edson (Coord.). *O direito e o tempo*: embates jurídicos e utopias contemporâneas. Rio de Janeiro: Renovar, 2008.

ASCENSÃO, José de Oliveira. Prefácio. *In*: EBERLE, Simone. *A capacidade entre o fato e o direito*. Porto Alegre: Sergio Antonio Fabris, 2006.

AZEVEDO, Solange. Personagem da semana: Hannah Jones – 'Quero morrer com dignidade'. *Revista Época*. São Paulo, nov. 2008. Disponível em: http://revistaepoca.globo.com/Revista/Epoca/0,,EMI17176-15215,00.html. Acesso em: 05 dez. 2020.

BARCHIFONTAINE, Christian de Paul de; PESSINI, Leocir. *Bioética e saúde*. 2. ed. rev. e ampl. São Paulo: Centro São Camilo de Desenvolvimento em Administração de Saúde, 1989.

BARROSO, Luís Roberto. *Curso de direito constitucional contemporâneo*: os conceitos fundamentais e a construção do novo modelo. 2. ed. São Paulo: Saraiva, 2010.

BARROSO, Luís Roberto. *Curso de direito constitucional contemporâneo*: os conceitos fundamentais e a construção do novo modelo. 4. ed. São Paulo: Saraiva, 2013.

BARROSO, Luís Roberto; MARTEL, Letícia de Campos Velho. A morte como ela é: dignidade e autonomia individual no final da vida. *In*: GOZZO, D.; LIGIERA, W. R. (Org.). *Bioética e direitos fundamentais*. São Paulo: Saraiva, 2012.

BORGES, Roxana Cardoso Brasileiro. Conexões entre direitos de personalidade e bioética. *In*: GOZZO, D.; LIGIERA, W. R. (Org.). *Bioética e direitos fundamentais*. São Paulo: Saraiva, 2012.

BRASIL. Constituição [1988]. *Constituição da República Federativa do Brasil*. Diário Oficial da União, Brasília, DF, 5 out. 1988.

BRASIL. Decreto nº 678, de 6 de novembro de 1992. Promulga a Convenção Americana sobre Direitos Humanos (Pacto de São José da Costa Rica) de 22 de novembro de 1969. *Diário Oficia da União*, Poder Executivo, Brasília, DF, 9 nov. 1992.

BRASIL. Decreto nº 99.710, de 21 de novembro de 1990. Promulga a Convenção sobre os Direitos da Criança. *Diário Oficial da União*, Poder Executivo, Brasília, DF, 22 nov. 1990.

BRASIL. Lei nº 8.069, de 16 de julho de 1990. *Diário Oficial da União*, Poder Executivo, Brasília, DF, 1990.

BRASIL. Lei nº 9.313, de 14 de novembro de 1996. *Diário Oficial da União*, Poder Executivo, Brasília, DF, 1990.

BRASIL. Lei nº 10.406, de 10 de janeiro de 2002. *Diário Oficial da União*, Poder Executivo, Brasília, DF, 11 jan. 2001.

BRASIL. Lei nº 13.146, de 06 de julho de 2015. *Diário Oficial da União*, Poder Executivo, Brasília, DF, 2015.

CAMATA, Gerson. Em defesa da ortotanásia. *In:* PEREIRA, T. S.; MENEZES, R. A.; BARBOZA, H. H. (Coord.). *Vida, morte e dignidade humana*. Rio de Janeiro: GZ, 2010.

CARBONERA, Silvana Maria. *Guarda de filhos na família constitucionalizada*. Porto Alegre: Sergio Antonio Fabris Editor, 2000.

CARBONERA, Silvana Maria. O consentimento informado de incapazes em intervenções médico-cirúrgicas e em pesquisas biomédicas: algumas questões relevantes. *In:* RIBEIRO, G. P. L.; TEIXEIRA, A. C. B. (Coord.). *Bioética e direitos da pessoa humana*. Belo Horizonte: Del Rey, 2011.

CASABONA, Carlos María Romeo. O consentimento informado na relação entre médico e paciente: aspectos jurídicos. *In:* CASABONA, Carlos María Romeo; QUEIROZ, Juliane Fernandes (Coord.). *Biotecnologia e suas implicações* ético-jurídicas. Belo Horizonte, Del Rey, 2004.

CENTRAL INTELLIGENCE AGENCY. *The World Factbook*. 2013-14. Washington, DC. Disponível em: https://www.cia.gov/library/publications/the-world-factbook/fields/2103.html#xxO. Acesso em: 13 jan. 2019.

CENTRO DE ESTUDOS JUDICIÁRIOS. *III Jornada de Direito Civil*. Ruy Rosado (Org.). Brasília, DF: CJF, 2004. 507. Disponível em: http://daleth.cjf.jus.br/revista/enunciados/IIIJornada.pdf. Acesso em: 12 nov. 2020.

CITTADINO, Gisele. *Pluralismo, direito e justiça distributiva:* elementos da filosofia constitucional contemporânea. 3. ed. Rio de Janeiro: Lumen Juris, 2004.

COHEN, Claudio; MARCOLINO, José Álvaro Marques. Relação Médico-Paciente. *In:* SEGRE, Marco; COHEN, Claudio (Org.). *Bioética*. 3. ed. rev. e ampl., 1. reimpr. São Paulo: Editora da Universidade de São Paulo, 2008.

COMPARATO, Fábio Konder. Fundamento dos direitos humanos. *Revista Jurídica Consulex*, São Paulo, ano IV, v. I, n. 48, p. 52-61, 2001, p. 11. Disponível em: http://www.dhnet.org.br/direitos/anthist/a_pdf/comparato_fundamentos_dh.pdf. Acesso em: 20 nov. 2020.

CONSELHO ESTADUAL DE MEDICINA DO ESTADO DE SÃO PAULO. *Juramento de Hipócrates*. Disponível em: http://www.cremesp.org.br/?siteAcao=Historia&esc=3. Acesso em: 17 nov. 2020.

CONSELHO FEDERAL DE MEDICINA. Resolução nº 1.931, de 24 de setembro de 2009, *Diário Oficial da União*. Brasília, DF, 2009. Disponível em: http://www.portalmedico.org.br/resolucoes/CFM/2009/1931_2009.pdf. Acesso em: 10 out. 2020.

CONSELHO FEDERAL DE MEDICINA. Resolução nº 1.995, de 31 de agosto de 2012, *Diário Oficial da União*. Brasília, DF, 2012. Disponível em: http://www.portalmedico.org.br/resolucoes/CFM/2012/1995_2012.pdf. Acesso em: 20 out. 2020.

CONSELHO REGIONAL DE MEDICINA DO ESTADO DO CEARÁ. *Parecer CREMEC nº 16/2005*: o direito do paciente de recusar tratamento. Fortaleza, 26 dez. 2005. Disponível em: http://www.cremec.com.br/pareceres/2005/par1605.htm. Acesso em: 05 dez. 2020.

CORRÊA, Adriana Espíndola. *Consentimento livre e esclarecido*: o corpo objeto de relações jurídicas. Florianópolis: Conceito Editorial, 2010.

CORTIANO JÚNIOR. Eroulths. Alguns apontamentos sobre os chamados direitos da personalidade. *In*: FACHIN, Luiz Edson (Coord.). *Repensando fundamentos do direito civil brasileiro contemporâneo*. Rio de Janeiro: Renovar, 2000.

CORTIANO JÚNIOR. Eroulths. Para além das coisas: breve ensaio sobre o direito, a pessoa e o patrimônio mínimo. *In*: BARBOZA, H. H. *et al*. (Org.). *Diálogos sobre direito civil*. Rio de Janeiro: Renovar, 2002.

COUNCIL OF EUROPE. Convention for the Protection of Human Rights and Dignity of the Human Being with regard to the Application of Biology and Medicine: Convention on Human Rights and Biomedicine, de 4 de abril de 1997. Oviedo, Espanha, 1997. Disponível em: http://www.coe.int/pt/web/conventions/full-list/-/conventions/rms/090000168007cf98. Acesso em: 02 jan. 2020.

DADALTO, Luciana. Capacidade *versus* discernimento: quem pode fazer diretivas antecipadas de vontade? *In*: DADALTO, Luciana (Coord.). *Diretivas antecipadas de vontade*: ensaios sobre o direito à autodeterminação. Belo Horizonte: Letramento, 2013.

DADALTO, Luciana. *Testamento vital*. 3. ed. São Paulo: Atlas, 2015.

DIAS, Roberto. *O direito fundamental à morte digna*: uma visão constitucional da eutanásia. Belo Horizonte: Editora Fórum, 2012.

DINIZ, Débora. Quando a morte é um ato de cuidado: obstinação terapêutica em crianças = When death is an act of care: refusing life support for children. *Cadernos de Saúde Pública*, Rio de Janeiro, v. 22, n. 8, p. 1741-1748, ago. 2006. Disponível em: http://www.scielo.br/pdf/csp/v22n8/23.pdf. Acesso em: 20 nov. 2020.

DWORKIN, Ronald. *Domínio da vida*: aborto, eutanásia e liberdade individuais. Tradução Jefferson Luiz Camargo. 2. ed. São Paulo: WMF Martins Fontes, 2009.

ELIAS, Norbert. *A solidão dos moribundos*. Tradução Plínio Dentzien. Rio de Janeiro: Zahar, 2001.

FACHIN, Luiz Edson. *Direito civil*: sentidos, transformações e fim. Rio de Janeiro: Renovar, 2015.

FACHIN, Luiz Edson. *Questões do direito civil brasileiro contemporâneo*. Rio de Janeiro: Renovar, 2008.

FACHIN, Luiz Edson. *Teoria crítica do direito civil*. 3. ed. Rio de Janeiro: Renovar, 2012.

FACHIN, Luiz Edson *et al*. *Testamento vital ou declaração de vontade antecipada*: limites e possibilidades das declarações de vontade que precedem à incapacidade civil. [S.l.:s.n.], 2013. Disponível em: http://fachinadvogados.com.br/artigos/Testamento%20vital.pdf. Acesso em: 14 nov. 2020.

FUNDO DAS NAÇÕES UNIDAS PARA A INFÂNCIA (UNICEF). *Fora da escola não pode*. Brasília, DF: UNICEF, 2014. Disponível em: http://www.foradaescolanaopode.org.br/exclusao-escolar-por-municipio/PR/4106902-Curitiba. Acesso em: 06 dez. 2020.

FUNDO DAS NAÇÕES UNIDAS PARA A INFÂNCIA (UNICEF). O enfrentamento da exclusão escolar no Brasil. Brasília, DF: UNICEF, Campanha Nacional pelo Direito à Educação, 2014. Disponível em: http://www.unicef.org/brazil/pt/br_enfrentamento_exclusao_escolar.pdf. Acesso em: 06 dez. 2020.

GEDIEL, José Antônio Peres. *Os transplantes de órgãos e a invenção moderna do corpo*. Curitiba: Moinho do Verbo, 2000.

GONZÁLEZ, Miguel Angel Sánchez. Um novo testamento: testamentos vitais e diretivas antecipadas. Tradução Diaulas Costa Ribeiro. In: BASTOS, Elenice Ferreira; LUZ, Antônio Fernandes da (Coord.). *Família e jurisdição II*. Belo Horizonte: Del Rey, 2005.

INSTITUTO BRASILEIRO DE GEOGRAFIA E ESTATÍSTICA. *Acesso e utilização dos serviços de saúde, acidentes e violências*. Rio de Janeiro, 2015. Disponível em: http://biblioteca.ibge.gov.br/visualizacao/livros/liv94074.pdf. Acesso em: 28 nov. 2020.

INSTITUTO BRASILEIRO DE GEOGRAFIA E ESTATÍSTICA. *Censo demográfico 2010*: características gerais da população, religião e pessoas com deficiência. Rio de Janeiro, 2014. Disponível em: http://www.ibge.gov.br/home/estatistica/populacao/censo2010/caracteristicas_religiao_deficiencia/caracteristicas_religiao_deficiencia_tab_pdf.shtm. Acesso em: 14 nov. 2020.

INSTITUTO BRASILEIRO DE GEOGRAFIA E ESTATÍSTICA: *Tábua completa de mortalidade para o Brasil – 2019*. Breve análise da evolução da mortalidade no Brasil. Rio de Janeiro, 2020. Disponível em: https://biblioteca.ibge.gov.br/visualizacao/periodicos/3097/tcmb_2019.pdf. Acesso em: 04 dez. 2020.

INSTITUTO BRASILEIRO DE GEOGRAFIA E ESTATÍSTICA. *Tábua completa de mortalidade para o Brasil – 2013:* Breve análise da mortalidade nos períodos 2012-2013 e 1980-2013. Rio de Janeiro, 2014. Disponível em: http://www.ibge.gov.br/home/estatistica/populacao/tabuadevida/2013/defaulttab_pdf.shtm. Acesso em: 04 dez. 2020.

INSTITUTO DE PESQUISA ECONÔMICA APLICADA. *Comunicados do IPEA nº 129*. Brasília, DF, 10 jan. 2012. Disponível em: http://www.ipea.gov.br/portal/images/stories/PDFs/comunicado/120110_comunicadoipea129.pdf. Acesso em: 16 nov. 2020.

INSTITUTO NACIONAL DE ESTUDOS E PESQUISAS EDUCACIONAIS ANÍSIO TEIXEIRA. *Censo da Educação Básica 2019*: resumo técnico. Brasília, DF: O Instituto, 2020. Disponível em: http://portal.inep.gov.br/documents/186968/484154/RESUMO+T%C3%89CNICO+-+CENSO+DA+EDUCA%C3%87%C3%83O+B%C3%81SICA+2019/586c8b06-7d83-4d69-9e1c-9487c9f29052?version=1.0. Acesso em: 06 dez. 2020.

KELSEN, Hans. *Teoria pura do direito*. 6. ed. São Paulo: Martins Fontes, 1998.

KOVÁCS, Maria Júlia. Atitudes diante da morte: visão histórica, social e cultural. *In:* KOVÁCS, Maria Júlia. (Org.). *Morte e desenvolvimento humano*. 5. ed., 3. reimpr. São Paulo: Casa do Psicólogo, 2008.

KOVÁCS, Maria Júlia. Autonomia e o direito de morrer com dignidade. *Revista Bioética*. Brasília, DF, v. 6, n.1, 1998.

LACERDA, Carmen Sílvia Maurício de. Famílias monoparentais: conceito. Composição, responsabilidade. *In:* ALBUQUERQUE, F. S.; EHRHART JR., M.; OLIVEIRA, C. A. de. *Família no direito contemporâneo*: estudos em homenagem a Paulo Luiz Netto Lôbo. Salvador: JusPodivum, 2010.

LEITE, Rita de Cássia Curvo. Os direitos da personalidade. *In:* SANTOS, Maria Celeste Cordeiro Leite (Org.). *Biodireito*: ciência da vida, os novos desafios. São Paulo: Revista dos Tribunais, 2001.

LEONE, Cláudio. A criança, o adolescente, a autonomia. *Revista Bioética,* v. 6, n. 1, Brasília, 1998. Disponível em: http://revistabioetica.cfm.org.br/index.php/revista_bioetica/article/view/324/392. Acesso em: 20 dez. 2019.

LEVY, Ruggero. O adolescente. *In:* EIZIRIK, C. L.; KAPCZINSKI, F.; BASSOLS, A. M. S. (Org.). *O ciclo da vida humana*: uma perspectiva psicodinâmica. Porto Alegre: Artmed Editora, 2001.

LÔBO, Paulo. *Direito civil*: contratos. São Paulo: Saraiva, 2011.

LÔBO, Paulo. *Direito civil*: famílias. 4. ed. São Paulo: Saraiva, 2011.

LÔBO, Paulo. *Direito civil*: parte geral. 2. ed. São Paulo: Saraiva, 2010.

LUDWIG, Celso. *Para uma filosofia jurídica da libertação*: paradigmas da filosofia, filosofia da libertação e direito alternativo. Florianópolis: Conceito Editorial, 2006.

MACHADO, Diego Carvalho. *Capacidade de agir e pessoa humana*: situações subjetivas existenciais sob a ótica civil-constitucional. Curitiba: Juruá, 2013.

MAIA, Antônio Cavalcanti. Sobre a Teoria Constitucional Brasileira e a Carta Cidadã de 1988: do Pós-Positivismo ao Neoconstitucionalismo. *Revista Quaestio Iuris da Universidade do Estado do Rio de Janeiro*, Rio de Janeiro, 2012.

MARTINS-COSTA, Judith. Capacidade para consentir e esterilização de mulheres tornadas incapazes pelo uso de drogas: notas para uma aproximação entre a técnica jurídica e a reflexão bioética. *In:* MARTINS-COSTA, Judith; MÖLLER, Letícia Ludwig (Org.) *Bioética e responsabilidade.* Rio de Janeiro: Forense, 2009.

MATOS, Ana Carla Harmatiuk. *União entre pessoas do mesmo sexo*: aspectos jurídicos e sociais. Belo Horizonte: DelRey, 2004.

MEIRELES, Rose Melo Vencelau. *Autonomia privada e dignidade humana.* Rio de Janeiro: Renovar, 2009.

MEIRELLES, Jussara Maria Leal de. O ser e o ter na codificação civil brasileira: do sujeito virtual à clausura patrimonial. *In:* FACHIN, Luiz Edson (Coord.). *Repensando fundamentos do Direito Civil Brasileiro Contemporâneo.* Rio de Janeiro: Renovar, 1998.

MEIRELLES, Jussara Maria Leal de; TEIXEIRA, Eduardo Didonet. Consentimento livre, dignidade e saúde pública: o paciente hipossuficiente. *In:* RAMOS, Carmem Lúcia Nogueira *et al.* (Org.). *Diálogos sobre direito civil*: construindo uma racionalidade contemporânea. Rio de Janeiro: Renovar, 2002.

MÖLLER, Letícia Ludwig. *Direito à morte com dignidade e autonomia*: o direito à morte de pacientes terminais e os princípios da dignidade e autonomia da vontade. 1. ed. (ano 2007), 1. reimp. Curitiba: Juruá, 2009.

MORAES, Maria Celina Bodin de. *Danos à pessoa humana*: uma leitura civil-constitucional dos danos morais. Rio de Janeiro: Renovar, 2003.

NEVARES, Ana Luiza Maia. Entidades familiares na Constituição: críticas à concepção hierarquizada. *In:* Ramos, Carmem Lúcia Silveira et al (Org.). *Diálogos sobre direito civil*: construindo uma racionalidade contemporânea. Rio de Janeiro: Renovar, 2002.

NUNES, Rui; MELO, Helena Pereira de. *Testamento vital.* Coimbra: Almedina, 2011.

ORGANIZAÇÃO DAS NAÇÕES UNIDAS. Resolução 217 A (III), de 10 de dezembro de 1948. Paris, 1948. Disponível em: http://www.dudh.org.br/wp-content/uploads/2014/12/dudh.pdf. Acesso em: 22 nov. 2020.

ORGANIZAÇÃO MUNDIAL DE SAÚDE. *Constituição da Organização Mundial de Saúde.* Nova Iorque: 1946. Disponível em: http://www.direitoshumanos.usp.br/index.php/OMS-Organiza%C3%A7%C3%A3o-Mundial-da-Sa%C3%BAde/constituicao-da-organizacao-mundial-da-saude-omswho.html. Acesso em: 28 nov. 2020.

ORGANIZAÇÃO MUNDIAL DA SAÚDE. *Guia de estudos:* Sinus 2014. Disponível em: http://sinus.org.br/2014/wp-content/uploads/2013/11/OMS-Guia-Online.pdf. Acesso em: 03 jan. 2020.

PARRY, Lizzie. Brave bucket-list boy, 11, loses six-year-cancer battle, days after urging followers to 'keep donating for other children like me'. [S.l.], 21 maio. 2014. Disponível em: http://www.dailymail.co.uk/health/article-2634915/Please-donations-coming-Brave-bucket-list-boys-selfless-final-message-help-loses-fight-cancer.html. Acesso em: 07 nov. 2020.

PEREIRA, André Gonçalo Dias. A capacidade para consentir: um novo ramo da capacidade jurídica. *In:* FACULDADE DE DIREITO DA UNIVERSIDADE DE COIMBRA. *Comemorações dos 35 anos do Código Civil e dos 25 anos da Reforma de 1975:* a parte geral do Código e a teoria geral do direito civil, v. II. Coimbra: Coimbra Editora, 2006.

PEREIRA, André Gonçalo Dias. Novos desafios da responsabilidade médica: uma proposta para o Ministério Público. *Revista do Ministério Público do Estado do Paraná,* Curitiba, v. 3, n. 2, jul./dez. 2004, p. 47-48, dez. 2004.

PEREIRA, Jacqueline Lopes. *Tomada de decisão apoiada*: a ampliação das liberdades da pessoa com deficiência psíquica ou intelectual em escolhas que geram efeitos jurídico. Porto: Editorial Juruá, 2019.

PERLINGIERI, Pietro. *O direito civil na legalidade constitucional.* Trad. Maria Cristina de Cicco. Rio de Janeiro: Renovar, 2008.

PERLINGIERI, Pietro. *Perfis do direito civil:* introdução ao direito civil constitucional. Trad. Maria Cristina de Cicco. 3. ed. Rio de Janeiro: Renovar, 2007.

PESSINI, Leocir. *Morrer com dignidade*: como ajudar o paciente terminal. 2. ed. atual. e ampl. Aparecida/SP: Editora Santuário, 1990.

PINTO, Carlos Alberto Mota. *Teoria geral do direito civil.* 4. ed. Coimbra: Coimbra Editora, 2005.

REINO UNIDO. APA 6th: Department of Health. *Mental Capacity Act.* Londres: HMSO, 2005. Disponível em: http://www.legislation.gov.uk/ukpga/2005/9/contents. Acesso em: 13 nov. 2020.

RODRIGUES, Rafael Garcia. A pessoa e o ser humano no novo Código Civil. *In:* TEPEDINO, Gustavo (Coord.). *A parte geral do Novo Código Civil*: estudos na perspectiva civil-constitucional. Rio de Janeiro: Renovar, 2002.

RUBIO, David Sánchez. *Encantos e desencantos dos direitos humanos*: de emancipações, libertações e dominações. Tradução Ivone Fernandes Morcilho Lixa e Helena Henkin. Porto Alegre: Livraria do Advogado Editora, 2014.

RUZYK, Carlos Eduardo Pianovski. *Liberdade(s) e função*: contribuição crítica para uma nova fundamentação da dimensão funcional do Direito Civil brasileiro. 2009, 395 f. Tese (Pós-Graduação em Direito) – Faculdade de Direito, Universidade Federal do Paraná, Curitiba, 2009. p. 121. Disponível em: http://dspace.c3sl.ufpr.br/dspace/bitstream/handle/1884/19174/Carlos_ Eduardo_Tese_completa%5B1%5D.pdf?sequence=1. Acesso em: 15 set. 2020.

SÁ JÚNIOR, Luiz Salvador de Miranda; D'ÁVILA, Roberto Luiz. Ética médica e bioética. *In:* LEITE, Eduardo de Oliveira (Coord.). *Grandes temas da atualidade*: bioética e biodireito. Rio de Janeiro: Forense, 2004.

SÁ, Maria de Fátima Freire de; MOUREIRA, Diogo Luna. *Autonomia para morrer*: eutanásia, suicídio assistido e diretivas antecipadas de vontade. Belo Horizonte: Del Rey, 2012.

SANTOS, Maria Celeste Cordeiro Leite. *O equilíbrio de um pêndulo*: bioética e a lei: implicações médico-legais. São Paulo: Ícone, 1998.

SCHREIBER, Anderson. *Direitos da personalidade*. 2. ed. São Paulo: Atlas, 2013.

SEGRE, Marco. Considerações Críticas sobre os Princípios da Bioética. *In:* SEGRE, Marco; COHEN, Cláudio (Org.). *Bioética*. 3. ed. rev. e ampl., 1. reimpr. São Paulo: Editora da Universidade de São Paulo, 2008.

SERTÃ. Renato Lima Charnaux. *A distanásia e a dignidade do paciente*. Rio de Janeiro: Renovar, 2005.

SEVCENKO, Nicolau. *A Revolta da Vacina*: mentes insanas em corpos rebeldes. São Paulo: Scipione, 1993. p. 10. Disponível em: http://portalconservador.com/livros/Nicolau-Sevcenko-A-Revolta-da-Vacina.pdf. Acesso em: 22 out. 2020.

STANCIOLI, Brunello Souza. *Relação jurídica médico-paciente*. Belo Horizonte: Del Rey, 2004.

SZANIAWSKI, Elimar. *Direitos da personalidade e sua tutela*. 2. ed. atual. e ampl. São Paulo: Revista dos Tribunais, 2005.

TEIXEIRA, Ana Carolina Brochado. *Família, guarda e autoridade parental*. 2. ed. Rio de Janeiro: Renovar, 2009.

TEIXEIRA, Ana Carolina Brochado. *Saúde, corpo e autonomia privada*. Rio de Janeiro: Renovar, 2010.

TEIXEIRA, Ana Carolina Brochado; PENALVA, Luciana Dadalto. Terminalidade e Autonomia: uma abordagem do testamento vital no direito brasileiro. *In:* PEREIRA, T. S.; MENEZES, R. A., BARBOZA, H. H. (Coord.). *Vida, morte e dignidade humana*. Rio de Janeiro: GZ Editora, 2010.

TEPEDINO, Gustavo. 80 anos do Código Civil brasileiro: um novo Código atenderá às necessidades do país? *Revista Del Rey*, Belo Horizonte, a. 1, n. 1, p. 17, dez. 1997.

TEPEDINO, Gustavo. Do sujeito de direito à pessoa humana. *In:* TEPEDINO, Gustavo. *Temas de direito civil*, t. II. Rio de Janeiro: Renovar, 2006.

TODOS PELA EDUCAÇÃO – TPE. *Brasil tem 3ª maior taxa de evasão escolar entre 100 países*. Brasília, DF: 2013. Disponível em: http://www.todospelaeducacao.org.br/educacao-na-midia/indice/26226/brasil-tem-3-maior-taxa-de-evasao-escolar-entre-100-paises-diz-pnud/. Acesso em: 06 dez. 2020.

VILLELA, João Baptista. O Código Civil Brasileiro e o direito à recusa de tratamento médico. *In:* GOZZO, D.; LIGIERA, W. R. (Org.). *Bioética e direitos fundamentais.* São Paulo: Saraiva, 2012.

WANSSA, Maria do Carmo Demasi. Autonomia *versus* beneficência. *Revista Bioética*, Brasília, DF, v. 19, n. 1, p. 106-107, 2011.

WORLD HEALTH ORGANIZATION; WORLDWIDE PALLIATIVE CARE ALLIANCE. *Global Atlas of Palliative Care at the End of Life.* [S.l.: s.n.], jan. 2014. Disponível em: http://www.thewhpca.org/resources/global-atlas-on-end-of-life-care. Acesso em: 04 dez. 2020.

Esta obra foi composta em fonte Palatino Linotype, corpo 10
e impressa em papel Pólen Bold 70g (miolo) e Supremo 250g (capa)
pela Gráfica Formato.